図書文化／刊

文教大学学長
石田恒好／著

評価を上手に生かす先生

［平成十四年版］

まえがき

小学生、中学生のころ、教えていただいた先生方を、よく思い出します。

授業中、私たちの理解がはかばかしくないと、「ほんとに、この組は頭の悪い奴ばかりだな」と、よく怒鳴られた先生がおられました。当時は、ただ申しわけないと恐縮していましたが、いま考えてみますと、理解がはかばかしくないのを子どもの理解力のせいにし、自分の指導についての反省と改善のない、つまり、指導についての評価のない先生であったと思われます。

一方、テストは、その日のうちに採点され、下校の時には、もう返してくださる先生がおられました。いつも笑顔で、「よくできたね」「ずいぶんよくなったよ」と、それぞれの子どもに合ったほめ言葉が、必ずついていました。メキメキ力がついたことを覚えています。対照的に、学期の終わりには、答案や作品をドサッと返される先生がおられました。家に持って帰り、中味などはほとんど見ないで、ひもでしばってサッサとしまったものです。

これは、学習でも、テストでも、行ってから、その結果を知るまでが、早ければ早いほど効果が上がることを示しています。反省と改善、つまり評価の機会は早ければ早いほどよいということです。

教わった先生方を例にあげて、申しわけなかったと思いますが、これらの体験によって、私は、教育評価が適切に行われると、子どもの力が必ず伸びることを確信しております。したがって、すべての先生方に、教育評価に堪能になっていただきたいと思うわけです。

しかし、先生方は、一般に、教育評価が苦手のようです。これは、教員養成制度で、「指導」は必修で徹底しても、「評価」は選択で徹底していないことが大きな原因だと思います。しかも、教員になってからも、指導の研修の機会は多いのに、評価については少ないのが現状です。

根本的な解決は制度の改善ですが、早急には間に合いません。とすると、研修の機会を多くしていただくこと、まったく知識のない先生や初任の先生でも、「読みやすい、わかりやすい、そのまま行える」という本を作って、すべての先生に読んでいただくしかありません。このような思いをこめて、本書を書いたわけです。その後、指導要録の改訂、新しい評価の提唱など、内容を改めたり、補ったりする必要が生じてきましたので、手を加えることにしました。今後も、必要に応じて改訂を加え、教育評価の入門書として適切な本にしていきたいと考えておりますので、先生方のご叱正のほどをお願いいたします。

平成十四年 五月

石田恒好

目　次

第1章　教育評価とは……19

1　教育についての反省と改善……20

値ぶみに終わらず反省と改善を

真の評価は子どもが伸びる評価

【ミニ辞典】　教育評価

2　テストは教育評価のたいせつな部分……24

テストは教育測定

テストは教育評価のたいせつな資料

【ミニ辞典】　教育測定運動／八年研究

3　教育評価と評定との混同……27
評定を手がかりに反省と改善を
評価と評定が混同されるわけ
【ミニ辞典】　評定

第2章　指導と評価の一体化……31

1　指導過程における評価……32
一時間、一時間をたいせつに
もっと意図的、計画的に
【ミニ辞典】　ブルーム／診断的評価／形成的評価／総括的評価

2　指導目標の具体的な設定……36
形成的評価が最適
目標の具体化表作成が大本
【ミニ辞典】　内容の要素／行動の要素／新しい学習観

3　達成の確認と達成させる指導……42

目標のすべての達成をめざすのが指導計画
目標のごく一部が評価目標
【ミニ辞典】 指導目標／行動目標と方向目標／評価目標

第3章 学習と評価の一体化……49

1 子どもの自己評価……50
もっと子どもの自己評価を
自己評価はふだんの授業で
いろいろな手だての工夫を
自学自習が先決
【ミニ辞典】 自己教育力／生きる力

2 他の子どもによる評価……57
もっと他の子どもによる評価を
自省力と思いやりが育つ評価
【ミニ辞典】 子どもの自己評価／子どもの他者評価（相互評価）

第4章　単元末、学期末、学年末のテストの行い方……61

1　何をテストするかを明確に……62
目標の具体化を
目標に不足、偏りがないように
【ミニ辞典】　テスト

2　評価目標に適したテスト技術の選択……65
テスト技術には
評価目標に合ったテスト技術
【ミニ辞典】　テスト技術　その1

3　テストは単元末に……69
単元末がよい理由
【ミニ辞典】　テスト技術　その2

4　テストは必ず予告して……73
予告は学習の動機づけ

ときに延ばすのも手
【ミニ辞典】 動機づけ
5 答案は早く返して……76
早いほど学力が向上
いちばん早いのは自己採点
仕上げは言葉かけ
【ミニ辞典】 結果の知識／即時確認の原理

第5章 テスト結果の解釈と成績のつけ方……81

1 絶対評定（評価）の行い方……82
絶対評定（評価）とは
絶対評定（評価）の長所
絶対評定（評価）の欠点と対策
【ミニ辞典】 絶対評定（評価）の段階基準
2 相対評定（評価）の行い方……86

相対評定（評価）とは
相対評定（評価）の長所
相対評定（評価）の欠点と対策
【ミニ辞典】 相対評定（評価）の段階比率／相対評定（評価）と指導要録
3 個人内評定（評価）の行い方……90
個人内評定（評価）とは
個人内評定（評価）の長所
個人内評定（評価）の欠点と対策
【ミニ辞典】 横断面的個人内評定（評価）／縦断面的個人内評定（評価）／ポートフォリオ評価
第6章 知能検査の生かし方……95
1 知能検査で測っているもの……96
知能とは
サーストンの考え方

ギルフォードの考え方
2 知能検査にはどんな類類が……101
【ミニ辞典】ギルフォードの知能の立体模型
個別知能検査
集団知能検査
【ミニ辞典】ビネー
3 知能検査の実施で気をつけること……104
良い知能検査
実施の時期
実施上の留意点
【ミニ辞典】妥当性／信頼性
4 知能検査の結果の表わし方……107
【ミニ辞典】知能検査の結果の表示法
5 知能検査の結果の活用法……110
◆こぼれ話◆ 知能検査のお蔭

第7章　標準化学力検査の生かし方……115

1　標準化学力検査とは……116

標準化学力検査の特性

標準化学力検査の種類

【ミニ辞典】　テスト・バッテリー

2　標準化学力検査の実施で気をつけること……122

実施上の留意点

◆こぼれ話◆　聞き取り問題に注意

3　標準化学力検査の表わし方……125

ＮＲＴの結果の表わし方

ＣＲＴの結果の表わし方

4　標準化学力検査の結果の生かし方……136

活用のいろいろ

〈参考資料〉　標準化学力検査の結果活用法いろいろ

第8章　性格検査、その他の検査の生かし方……141
1　性格検査とその生かし方……142
質問紙法による検査
作業による検査
投影法による検査
◆こぼれ話◆　性格検査は思った通りに書かせる
2　その他の検査とその生かし方……148
＜参考資料＞　M-G性格検査個人票
第9章　子どもを伸ばす通信簿……155
1　通信簿は何のためにあるのか……156
家庭との協力のため
保護者との信頼関係の契機
＜参考資料＞　通信簿例
2　どんな内容・構成がよいか……162

多くの面を見ることができるように
教育方針にそって配列
◆こぼれ話◆　重点目標
3　記入で気をつけること……167
＜参考資料＞　机の配置図（座席表）を使う
4　子どもへの言葉かけと保護者への働きかけ……171
子どもへの言葉かけ
保護者への働きかけ
＜参考資料＞　保護者への働きかけ
第10章　指導要録の書き方、生かし方……179
1　指導要録は何のためにあるか……180
指導要録が果している役割
指導要録の保存期間
＜参考資料＞　学校教育法施行規則

2　どう記入したらよいか……183
記入の原則
ふだんから資料の収集を
＜参考資料＞　指導要録の記入例と参考様式
3　どう活用するか……200
指導要録の活用の仕方
人権やプライバシーの侵害に注意
＜参考資料＞　外部への証明とプライバシーの保護
第11章　学級経営とその評価……203
1　学級経営とは……204
学級経営の内容
学級経営の行い方
【ミニ辞典】　学校経営／学年経営／学級経営
2　学級経営の評価……210

装幀／田口茂文

第1章　教育評価とは

1　教育についての反省と改善

「教育評価を、一言でいうと、どういうことになりますか。」
「そうですね。教育についての反省と改善でしょう。」

値ぶみに終わらず反省と改善を

教育評価の講演会で、筆者と受講者の間でよく交わされる質疑応答です。
教育評価は、元来は、教育について値ぶみをすることです。
例えば、平常の授業では、自分が作った指導計画、準備した教材・教具で授業を展開します。子どもたちが生き生きと学習し、指導目標が次々と達成されていくのを見ると、
「うまくいってるぞ。」
と、たいへんうれしくなります。実は、気づいていないかもわかりませんが、

「この授業は、うまくいっている。」

と、高い値ぶみをしているわけです。

逆に、子どもたちに活気がなく、指導目標の達成がはかばかしくないと、

「どうも、うまくいかないな。」

と、あせってしまいます。これは、実は、

「この授業は、うまくいっていないな。」

と、低い値ぶみをしているわけです。

ただし、教育においては、値ぶみをすればよいというものではありません。高い値ぶみであれば、そのまま続けてもよいということです。しかし、熱心な先生は、それでも、なお改めるところはないかと、少しでも改善して行おうとします。

まして、値ぶみが低い場合は、そのまま続けてはいけないということです。どこがいけないのか、よく反省し、問題点を改善してから行わなければなりません。

そういえば、平常の授業で、子どもたちがのってこない、ぼんやりしていると、

「うまくいっていないな。」（低い値ぶみ）

「どこが悪いんだろう。この資料がピッタリではなかったようだ。」（反省）
「では、こっちの資料に変えてみよう。」（改善）
「うん、のってきた、のってきた。うまくいったぞ。」（高い値ぶみ）
といったように、先生は、だれでも行っています。これが教育評価なのです。
「教育評価は、難しい、やっかいなものだと思っていたが。それなら、私だってやっている。いつもやっている。」
と、なんだそんなことか、という顔をされる先生方がいます。そのとおりです。先生は、だれでも、平常の授業の中で、自然に教育評価を行っているわけです。

真の評価は子どもが伸びる評価

このように、教育評価とは、教育について値ぶみをすることですが、値ぶみに終わらないで、それに基づいて反省し、改善することです。ただし、教育について、たえず反省し、改善する真のねらいは、そのようにして教育を充実させ、ひとりひとりの子どもを、十分伸ばし、目標を達成するためです。したがって、真の教育評価といえるかどうかの究極のポイントは、「ひとりひとりの子どもが、たしかに伸びている、目標を達成している。」ということです。なお、一時間の授業では、「反省と改善」というのは、少し大げさではないかという意見があります。一単元、一学期、一学年というように、いくらかまとまった期間であれば、「反省と改善」もおかしくはないが、授業の途中で「反省」は大げさということです。

たしかに、もっともな指摘です。一時間の授業の中では、教育評価は、「反省と改善」よりも、うまくいっているかどうかの「確認」と、うまくいっていないところの「調整」ぐらいが適切と思われます。授業の中では、教育評価は、「確認と調整」ということです。ただし、この場合にも、真の教育評価であるためには、これによって、ひとりひとりの子どもが伸びる、目標を達成するということでなければなりません。

【ミニ辞典】

教育評価　教育によって生じた児童生徒の人格や行動などの変化を、一定の価値基準に照らして判定することを中心に、その変化の背景となっている諸条件の価値をも判定し、改善しようとする営みです。

2　テストは教育評価のたいせつな部分

「教育評価というと、ついテストと思ってしまうんですが。」
「たしかに、そう思われる先生が、たくさんおられます。しかし、テストに終わらないで、その結果を手がかりにして、先生は、自分の指導を、子どもたちは、自分の学習を、管理職の人たちは、施設・設備や教員の資質などを、それぞれ反省し、改善してもらいたいと思います。それぞれの立場で、反省し、改善する内容は違いますが、これが教育評価なのです。」

テストは教育測定

テストは、子どもの状態、子どもの学力を、量的に表現したものです。例えば、百点満点のテストで、80点をとったということは、そのテストで測っている内容の80％を習得しているということです。

これを手がかりとして、「指導目標はだいたい達成している」、「前と比べるとずいぶん進歩した」、「この後は未習の部分でたいせつなここを習得させるためにこうしてみよう」、といったように、反省（確認）と改善（調整）を行い、指導目標を達成するよう努力しなければなりません。こうして、初めて教育評価といえるわけです。

テストや観察などのように、子どもの状態をとらえ、量的に表現することは、教育測定といいます。テストを、教育評価と思っている先生方もいるようですが、テストは、教育評価ではなくて、教育測定なのです。

テストは教育評価のたいせつな資料

こういうと、「では、テストは不必要なんだ。」と思う先生もいるようですが、それは誤りです。教育評価を適切に行うためには、豊富で、客観的で、正確な資料が必要です。テストなどの教育測定は、その資料を収集するという役割を果しています。反省と改善のない教育、すなわち教育評価のない教育を考えると、ゾーッとしますが、同じように、偏った、不正確な資料で行われる教育評価、教育を考えると、悲しくなります。教育測定が果している役割の重要さがよくわかっていただけたと思います。

つまり、テストは、教育評価そのものではないが、教育評価にとっては、重要な部分を占めているということです。

それだけに、先生は、適切にテストを行い、豊富で、客観的で、正確な資料を収集するために、たいへん多くの時間と労力を使います。テストをすれば、ホッとして、教育評価を行ったと思いたくなるのも、無理のないことです。

しかし、テストは、教育評価の終点ではありません。それによってえた資料で、教育を反省し、改善し、そして、ひとりひとりの子どもを伸ばし、目標を達成して、はじめて教育評価になることを忘れないことです。

【ミ ニ 辞 典】

教育測定運動　19世紀末から20世紀初頭にかけて、それまでの主たる方法であった口頭試問や論文体テストは、採点の主観性が強いことを批判し、客観的な測定をめざした運動です。この運動の中心になったのはソーンダイクで、協力者と多くの測定技術を工夫し、運動を盛り上げました。

八年研究　アメリカの進歩主義教育協会は、一九三三年から一九四〇年の八年間にわたって、新教育が、伝統的教育に勝っているかを比較研究しました。この研究で評価委員会の中心はタイラーでしたが、これによって、「測定のための測定」から「評価のための測定」への転換が行われました。

3　教育評価と評定との混同

「教育評価というと、通信簿の評定をすることと、考えがちですが。」
「いや、評定をすることに終わらないで、それを機会に、指導や学習を、反省して、改善して、はじめて教育評価になるんです。」

評定を手がかりに反省と改善を

教育評価を、通信簿や指導要録の評定をつけることと思っている先生がおられるようです。これを、「評定あって、評価なし。」と嘆く人もいるほどです。

評定は、子どものテスト結果などをまとめて、指導目標を80％以上達成しているので十分達成しているといえるからAをつける、といったように、達成の程度などを、あらかじめ設定している数字や記号で表わすことです。

評定するだけで終わっては、子どもの指導はどうだったかの反省もなければ、今後どうすべきか、改善もありません。例えば、体育に1の評定をつけるだけでなく、「この子は、逆上がりがもうちょっとでできそうだったな。お母さんに協力してもらって、夏休みに少し鉄棒をやらせてもらうようにしよう。」と、評定1を手がかりにして、それまでの指導を反省し、効果的な方法を考えて、今後の指導を改善したいものです。

評価と評定が混同されるわけ

教育評価と評定が混同されるようになったわけですが、これは、用語上の問題と思われます。子どものテストなどの結果を、相対的位置で評定したり、解釈したりするのは、正確には相対評定とか、相対的解釈というべきでしょうが、ながく相対評価といって、なれてしまったためでしょう。

指導目標の達成状況を評定したり、解釈したりするのを、絶対評定、絶対的解釈というべきところを、絶対評価とか、達成度評価といっています。個人内評価についても、まったく同様です。

したがって、五段階の絶対評定を行うと、五段階の絶対評価を行ったと思う先生もいるわけです。評定を行うと、評価を行ったと混同するのも、無理からぬことです。しかし、評定を行うだけでは、反省も、改善もなく、まして子どもの伸びに働きかけるものがありません。今後は、子どもの伸びを助けようとしているかどうかという視点から、真の教育評価かどうかを見分けるようにしてください。

なお、すべての先生が、教育評価を正しく理解し、真の教育評価を行うために、これまで絶対評価（目標基準に準拠した評価、目標基準準拠評価）といっていたのを、絶対評定（目標基準に準拠した評定、目標基準準拠評定）というようにしたいと思います。相対評価（集団基準に準拠した評価、集団基準準拠評価）も、相対評定（集団基準に準拠した評定、集団基準準拠評定）といい、個人内評価（個人基準に準拠した評価、個人基準準拠評価）も、個人内評定（個人基準に準拠した評定、個人基準準拠評定）ということにしましょう。

【ミニ辞典】

評定　個人や集団の能力、行動、態度、作品などに、あらかじめ設定されている点数、記号などをあてはめることです。ふつう点数、記号などをいくつかの段階で設定した評定尺度がよく用いられます。評定尺度には、記述評定尺度、図式評定尺度、点数式評定尺度などがあります。

第2章　指導と評価の一体化

1　指導過程における評価

「指導は指導、評価は評価になってしまって、うまくつながらないんですが。」
「それは、困ります。指導の反省が評価で、評価から次の指導が改善されるわけですから、次の指導に生かされない評価では、真の評価とはいえません。」
「では、どうすればいいでしょうか。」
「先生は、平常の授業で、この子はわかってるな、この子はどうもわかってないな、と判断したりしますか。」
「それは、指導しながら判断しています。」
「で、わかっていない子には、どうされていますか。」
「横に行って、説明したり、学習グループでわかっている子に、説明させたりしています。」

「先生は、指導は指導、評価は評価で別々になってしまうといわれましたが、できている、できていないというのが、習得状況の確認（評価）で、それに基づいて説明されたりというように、指導に生かされていますね。先生も、平常の授業の中で、指導と評価、指導と評価と、うまくつながれて、一体化されているではないですか。」

「なるほど、気がつかなかったが、そういうことになりますね。」

「ただ、たまたまやっているということでは、やるべきときにやれなかったり、できていない子を見落してしまうことがあります。やはり、意図的、計画的にやることは必要でしょう。」

一時間、一時間をたいせつに

しばらく以前は、教育評価で関心をもたれていたのは、相対評定（評価）か絶対評定（評価）かといったように、学期末の通信簿や学年末の指導要録への成績のつけ方でした。このように、学期とか、学年といったように、やや長い期間についての評価では、指導と評価の一体化、評価を次の指導に生かすのは、容易ではありません。

例えば、一学期が終わったところで、習得状況の確認をしたとします。それに基づいて、一学期の指導を反省し、二学期の指導を改善することはできます。先生の指導には、みがきがかかっていきます。しかし、一学期の内容で習得できていなかったところは、未習のままになってしまいがちです。未習が少ない場合は、家庭と協力しながら、夏休み中に補うことも可能でしょうが、未習が多い場合は、補えないままになってしまいがちです。

このように、学期末、学年末の評価では、指導の反省と改善にはなっても、その間に、子どもにつけたい力をつけてやれないこともあるということです。さきに述べたように、真の教育評価は、子どもを伸ばす、子どもに必要な力をつけるものでなくてはなりません。その点、学期末、学年末の評価には、不満が残ることがあるわけです。

このことを感じて、指導と評価は、どうも一体化しないと、いわれる先生があるわけです。では、指導と評価は一体化できないのかというと、そうではありません。平常の授業の中では、指導しながら評価し、評価をすぐ指導に生かして、その時間につけたいとねらっている力を、子どもにつけてやることができます。

もっと意図的、計画的に

先生は、だれでも、けっこう自然に評価を行っています。ただし、意図的、計画的でないために、十分でないことがあるというだけです。

意図的、計画的に行って、現在、七、五、三と称し、小学校では七割、中学校では五割、高校では三割、の子どもたちしか教育内容が理解できていないといわれている現実を解消したいものです。せめて、小学校では十割が理解でき、「落ちこぼれ」「落ちこぼし」はいないというようにしたいところです。なぜなら、教育内容が理解できてこそ、子どもたちにとって、学校は心の底から楽しいところになるからです。

子どもたちにとって、学校が楽しい場になるためにも、指導と評価の一体化を、平常の一時間、一時間の授業の中で、意図的、計画的に行いたいものです。

【ミニ辞典】

ブルーム　教育目標の分類学を提唱し、それに基づく完全習得学習のシステムとして診断的評価、形成的評価、総括的評価を展開しました。この理論の紹介で、わが国では、指導と評価の一体化、指導過程における評価が盛んになりました。
診断的評価　事前の評価で、これからの学習に必要な力を備えているかを調べて不備の場合は補い、これから学習する内容の未習・既習を調べて既習の部分を重ねて学習することを避けるなどを、ふつうねらいとして行います。指導計画、指導方法、小集団編成を考えるための資料収集も含まれます。
形成的評価　途中の評価で、指導目標を行動の水準で設定し、達成状況をチェックし、達成できていない子には、手を打ってできるようにするのがねらいです。指導と評価の一体化そのものといえます。
総括的評価　終わりの評価で、既習・未習をチェックし、未習でたいせつなところは、達成させてから次へ進むために行います。これは、通信簿や指導要録を記入する時の資料ともなります。

2　指導目標の具体的な設定

「指導と評価を一体化するためには、何から始めたらいいでしょうか。」

「指導し、評価するものが何であっても、手順は同じです。第一に、指導目標を具体的に設定し、第二に、それを達成するための計画をたて、第三に、達成できたかどうか確認し、第四に、達成できていない子どもに手を打って達成させ、第五に、みんなが達成できたことを確認して、次へいくわけです。」

「では、まず、指導目標を具体的に設定することですね。」

「そうです。」

形成的評価が最適

指導を行うためには、何を指導するにしても、まず、何をねらって指導をするのか、指導目標を具体的に設定しなければなりません。このことを、とりわけ重視し、提唱したのが、ブルームたちです。彼らは、子どもたちに完全に習得させるために、指導の過程で、事前に診断的評価を、途中で形成的評価を、終わりに総括的評価を行うことを提案しています。平常の授業の中で、指導と評価の一体化を行うためには、形成的評価を中心に考えることになります。

その大前提として、指導目標を分析して具体化し、子どもの行動の水準で設定するように説いています。そうすれば、それを達成するための指導計画がたてやすくなり、指導がよくなり、同時に、達成できたかどうかも確認しやすくなるので、評価もしっかりしてくると、これが大本だと、みずから目標分類学と称しているほどです。つまり、指導にとっても、評価にとっても、指導目標の分析が肝心要だということです。

「指導目標は、指導案の最初に、本時の目標として設定していますが、あれではいけないんですか。」

「本時の目標は、ふつう二つか三つぐらい設定されていますね。あれでは、少し大きすぎます。子どもの行動の水準で設定されていないので、指導しながら、達成できたかどうかを確認しにくいわけです。もっと分析して、子どもの行動の水準で設定すると、目の前で子どもがその行動を示すかどうかで、確認がしやすくなります。」

目標の具体化表作成が大本

「指導目標の設定に便利な方法がありますか。」

「やはり、目標の具体化表を作るのがいいと思います。」

目標の具体化表は、一単元を一つの表にすることが多いですが、大きい単元の時は、5時間前後を一つの表にまとめます。例に示したように、ふつう縦の欄に「内容の要素」を置き、横の欄に「行動の要素」を置きます。

「内容の要素」は、一時限、一時限の内容を書き出します。「行動の要素」は、学力を能力概念によって分析したものを用いますが、現在、わが国では、ブルームらの分析したもの、観点別学習状況の観点など、いくつかあります。だから、どれを用いるか迷うかもわかりませんが、指導要録の「観点別学習状況」の観点を用いると、通信簿や指導要録の成績をつける時の資料ともなりやすく、便利だと思います。

このようにして、目標の具体化表の枠組が決まると、次は、各欄へ、指導目標を、子どもの行動の水準で書き出せばよいわけです。

「なかなかたいへんな作業のようですが、目標の具体化表でなければだめでしょうか。ずらっと並べて書き出してはいけませんか。」

「並べて書き出しても、本時の目標の二つか三つよりは、ずっとよいと思います。しか

目標具体化表の例 （埼玉県　北葛飾郡庄和町立葛飾中学校）

音楽科　具体化表　　器楽（リコーダー中心による）

	目標 学習内容	（A） 知識・理解	（B） 音楽活動 ア．聞くこと	（B） 音楽活動 イ．演奏すること	（C） 音楽的心情
演奏前に必要なこと	姿勢につい リコーダーの基礎知識	① 姿勢についてわかる． ② リコーダーの種類がわかる． （ソプラニーノ～グレートベース） ③ 各リコーダーの音域がわかる． ④ 各リコーダーの運指がわかる． ⑤ 運指表の見方がわかる． （バロック、ジャーマン式の別） ⑥ リコーダーの歴史についてわかる	① 姿勢について教師からの指示を聞くことができる． ② リコーダーの種類別による音域の違いや音色の違いについて聞き取ることができる． ③ 教師からの運指の注意を聞き取ることができる．	① 正しい姿勢で演奏することができる． ・背すじを伸ばす ・左手の親指はリコーダーとほぼ直角に ・腕や肩の力を抜く ② 音域によって呼気の速さを調整させ、演奏することができる． ③ 正しい音高で美しい音を出そうと演奏することができる	① リコーダーについて深く興味をもつ．
	チューニング	⑦ チューニングについてわかる．	④ ピアノやもとになるリコーダーノ音と自分のリコーダーの音（イ音）を比べ、音程の高低を聞き取ることができる．	④ ピアノやもとになる楽器の音と自分のリコーダーの音を比べ、音程の高低を聞き取り正しくチューニングができる	② チューニングを正しく行い美しいアンサンブルをしようとする．
	基本的な奏法について	⑧ 基本的なダンギング奏法についてわかる． ⑨ サミングについてわかる． ⑩ レガート奏法についてわかる． ⑪ ポルタート奏法についてわかる．	⑤ チューニングにおける「うなり」を聞き取ることができる． ⑥ さまざまな種類のダンギングを聞き取ることができる． ⑦ レガート奏法のなめらかさを聞き取ることができる． ⑧ 音程を正しく聞き取ることができる． ⑨ ポルタート奏法を聞き取ることができる．	⑤ トゥトゥドゥドゥ他のダンギング奏法ができる． ⑥ スムーズなサミングができる． ⑦ レガート奏法が美しくできる． ⑧ ポルタート奏法ができる．	

し、もれているところはないか確認しにくく、うっかりたいせつなところをもらしてしまうこともあります。観点ごとに書き出すなどの工夫をすることです。ただし、目標の具体化表を用いれば、内容から見ても、行動から見ても、もれているところがないことが、簡単に確認できます。できたら目標の具体化表を用いたいものです。」

「でも、たいへんですね。」

「何人かの先生といっしょにやったり、一時間分をときどきやってみるとか、とにかく慣れてしまえば、そうでもありません。」

【ミニ辞典】

内容の要素　学習する内容を細かく分けた項目のことです。教科書の目次（単元名）や事項名（小単元名）が、それにあたります。

行動の要素　学力を能力として分析した場合の一つ一つの能力が、これにあたります。現在、用いられているのは、「知的側面（知識、理解、思考、判断）、技能的側面（技能、作品、表現）、情意的側面（関心、意欲、態度、習慣、鑑賞）」や、これを基本にした指導要録の「観点別学習状況」の観点、あるいは、ブルームらの「認知的領域（知識、理解、応用、分析、統合、評価）、精神運動領域（模倣、操作、精確、分節化、自然化）、情意的領域（受容、反応、価値づけ、価値の組織化、性格化）などです。

新しい学習観　新しい学習指導要領がめざす学力観をいうもので、具体的には、「自ら学ぶ意欲と、……必要な知識や技能を身につけさせることを通して、思考力、判断力、表現力などの能力」です。これを具現化したのが、「関心・意欲・態度」「思考・判断」「技能・表現」「知識・理解」の観点です。

3　達成の確認と達成させる指導

「目標の具体化表で、具体的に設定した目標は、指導計画にみんな入れるんですか。」

「そうです。指導によって達成したい目標ですから、指導計画の中へは必ず入れなければなりません。」

評価を生かした展開案の例（埼玉県　北葛飾郡庄和町立葛飾中学校）

展　開（リコーダーアンサンブル　「Ｍａｙ　Ｗａｙ」、第6時　旋律の確認と合奏の班発表）

過程	学習内容	学習活動	対応の仕方	備考
導入 3	・あいさつ ・今日の流れについての説明を理解する．	・ピアノの音にあわせてあいさつをする． ・Ｍｙ　Ｗａｙのメロディを全員アルトリコーダーで通奏し、その後班発表をすることを確認する．	－　礼がきちんとできていない者は、やり直しをさせる． ・聞いていない者がいないか確認する．	
5	・アルトリコーダーの奏法についての注意を確認する．	・運指で難しい部分だけをとり出して練習する． (A)-①④.(B)ア-③．イ-①②③	－　リコーダーを持つ姿勢を再度教える． ＋　美しい音色が出るよう工夫させる（指穴のふさぎぐあいや息の入れ方） ・ほぼ全員ができるまでくり返し行う．運指の確認は実際に教師が前で行う．	
展開 5	・Ｍｙ　Ｗａｙの通奏をする．	・アルトリコーダーだけで、全員でＭｙ　Ｗａｙを終わりまで通奏する． (A)-㉑．(B)-イ-⑪⑬⑭	－　周囲とのつながりを意識させる． ＋　リズムを正確にし、曲のもり上がりを工夫させる．	ピアノ伴奏は少しちいめに弾く．（メロディが出るように）
5	・班で集まって練習し、合奏への心がまえを考える．	・班で集まり、発表での注意事項をふまえながら練習する． (A)-㉕.㉖	－　楽器の扱い方について再度説明する． ＋　強弱やフレージングも考えさせる．	録　音
20	・班発表をする．（３つの班）	・いままでの学習事項や練習内容を思い浮かべ、全員協力して発表する． (A)-㉚．(B)ア-㉕.イ-⑱ ◎(C)-⑤	－　出だしの合図が欠けている場合は教師が注意する． －　待っている生徒、演奏後の生徒の態度が悪い場合は、その班全体の評価を下げる．（前もって指示しておく） －　全体を意識して表現させるが、一人又は数人合わなくなった場合は、一度その生徒だけ少しの間中断させ、うまく合わせることができるところから再び演奏させる． ＋　各楽器の響きを感じとり、主旋律をたっぷりと抑揚をもって演奏させる．	

※「学習活動」欄の(A)―①④…は前出具体化表の行動目標の番号を示す。

目標のすべての達成をめざすのが指導計画

ただし、書き出した目標を、そのまま指導計画へ書き込むのは、量や長さから考えてもなかなかたいへんです。そこで、各欄にA－①か、B－③といったようにコード化し、その目標を達成させるまとまりのところへ（　）をつけて、その中へコード番号を記入するのも一つの方法です。

指導計画の中へ書き込まれたコード番号を全部集めると、当然具体化表の中のコード番号のすべてが入っているということでなければなりません。すべてが入っていれば、その指導計画を実施すれば、その時間に習得させたいと思っている学力は習得できるはずですし、もし、もれているものがあれば、その時間で習得させたい学力が完全には習得できないことになるからです。

目標のごく一部分が評価目標

「目標の具体化表に書き出された目標は、一時間ずつみてもかなり多いですが、すべて達成できたかを確認するんですか。」

「とても全部は確認できません。書き出された目標は、指導目標です。漢字のテストでも、指導した漢字をすべてテストするのではなくて、その一部をテストの時間やスペースに合わせてテストしますね。だから、指導目標の一部を評価目標として選んで、達成できたかどうかを確認すればよいわけです。指導目標の中から、二つか三つ、特にたいせつなものを選んで評価目標にすることです。あまり欲ばらないほうがいいですね。」

ふつう、具体化表の中に、評価目標とするものに、◎をつけたりして示します。これ以外は、達成をまったく確認しないのかというと、そうではありません。子どもの様子を見て、達成できてるらしいな、という感じでとらえて次へ進み本格的な確認はしないだけです。

「◎で示してある評価目標が、二つか三つであっても、全部の子どもについて達成を確認するのはかなりたいへんです。何かよい方法がありますか。」

「まず、できたら◯、できない×、の二段階で確認することです。よく三段階でやっている先生もいますが、指導しながら、どれに入れるかを考えているゆとりはないので、二段階にすることです。そして、全部を先生が見てまわって確認するのはたいへんなので、子どもに表現させる工夫をするのも一つの方法です。」

たしかに、三段階で行っているところでは、あまりうまくいってなくて、二段階で行っているところがうまくいっています。また、自分で全部を見てまわって確認している先生もいますが、子どもに「できた」と表現させて成功している先生もいます。

例えば、ある小学校では、キャップサインと称し、赤帽を机の上におき、「できた」子どもにはかぶらせています。また、ある中学校では、赤と青の円錐を作り、「まだできていない」と赤をたてておき、「できた」ところでその上に青をかぶせるようにさせています。

そして、赤帽をかぶっていない子や、赤い円錐のままの子は、まだ達成できていないわけですから、先生は、その子どもたちに、いろいろな手だてで指導して、達成させるようにしています。指導と評価は一体化しますし、すべての子どもが、指導目標を達成することにもなるわけです。

評価資料を収集する対象

これまでは、専ら子どもにテスト、観察などを行い、その評価資料に基いて、教師は指導を、児童生徒は学習を、管理職は管理運営を評価していました。これからは、教師の指導法、学校の学習環境といったように、教師も、学校も評価資料収集の対象になります。そして、教師や学校には、評価資料に基づいて成績のつけ方や学校の教育などについての説明が求められます。（説明責任、アカウンタビリティー）学校評議員制度で、学校には第三者による評価も行われるようになります。十分説明できるだけの資料の収集が必要ということです。

【ミ ニ 辞 典】

指導目標　指導で習得させたい目標で、目標の具体化表で書き出された目標は、すべて指導目標です。

行動目標と方向目標　行動目標とは子どもの行動の水準で、具体的に設定された目標のことです。こうすれば、指導計画がたてやすく、評価もしやすく、したがって指導や学習がよくなり、みんなが習得できるということです。これに対して、「学習意欲の向上」といったように一般的な方向を示している目標を、方向目標といいます。

評価目標　指導目標の中から、評価するために抽出された目標のことです。指導目標は、数が多いので、すべてを評価することは、指導の途中ではもちろん、単元末、学期末、学年末でも無理です。指導目標の中から、いくつかを選び、評価目標にするわけです。

第3章　学習と評価の一体化

1　子どもの自己評価

「指導と評価の一体化というと、先生の立場から考えているようですが、子どもの立場からも評価を考えるべきだと思いますが。」
「おっしゃる通りです。教育において反省と改善をしなければならないのは、先生だけではなく、当然、子ども自身もです。」
「先生は、指導と評価の一体化というんなら、子どもは、学習と評価の一体化といったらどうでしょう。」
「初めて聞いた言葉ですが、うまい表現ですね。学習と評価の一体化、いいですね。これから、どんどん使いましょう。」

もっと子どもの自己評価を

現在、教育評価における新しい動向の一つに、子どもの自己評価の重視があります。これは、「評価はだれが行うのか」という評価者の問題であり、評価の主体はだれかという問題です。

ふつう、評価者としては、先生、子ども自身、他の子ども、父母、教育委員会（文部科学省）、その他の第三者などが考えられます。これらのうちのだれが、評価者としてもっとも有効かということです。

このことについて、クックは、「もっとも有効な評価は、学習者自身からなされる評価であり、次に意味のある評価は、先生とクラスメイトからの評価であり、第三に意味のある評価が、そのクラスの外からの評価である。なぜならば、先生とクラスメイトからの援助は、子ども自身に直接に与えられるが、クラスの外の者が子ども自身に影響を及ぼす機会は、間接的だからである。」と述べています。もっとも効果的な評価者は、子ども自身なので、もっと子ども自身を評価の主体者にする必要があるということです。

現在、子どもたちに、自己教育力の育成が叫ばれています。自己教育力ということになると、その一環として、みずからの学習状態を確認し、みずからを改善していく力（自己評価能力）も、当然求められることになります。子どもの自己評価は、ますます注目を集め、重要性を増してくるということです。

自己評価はふだんの授業で

「子どもの自己評価ですが、平常の授業中、学期末、学年末、いずれが行いやすいでしょうか。」

「そうですね。平常の授業中が、行いやすいでしょう。子どもにとって現在や少し前の状態は、確認しやすく、改善もすぐできますが、学期、学年のように長期にわたると、忘れてしまって確認しにくくなります。また、未習が多かったりすると、改善もなかなかたいへんです。」

子どもの自己評価は、従来も、平常の授業の中で、けっこう行われていました。例えば、授業の途中で、「こういうようにやっている人がいるね。それでうまくいくかな、もう一回よく考えてごらん。」と、子どもそれぞれに、自分のやり方を検討させるのも、それです。

「この問題は、こうするとうまく解けるよ。同じように解いている人はだれかな。」とノートに書いている解き方の正否を、いっせいに確認させることも、そうです。

また、簡単なテスト（小テスト）を行い、解答を黒板に示して、自分で採点（自己採点）させることも、入ります。

これらは、先生の指導や指示のもとにですが、子どもが、自分で自分の考えや行いを確認し、改善に努めています。したがって、自己評価といえますが、従来も、現在も、平常の授業の中でよく行われています。

いろいろな手だての工夫を

しかし、現在は、自己評価をもっと重視し、本格的に行おうと、いろいろな工夫がされています。

例えば、多くの小学校や中学校で、学習態度の自己評価が行われています。具体的には

① 学習の準備はしっかりできていましたか
② 宿題や家庭学習はやってきましたか
③ 指名されたら、返事をしてすぐ立ちましたか
④ 声を大きく語尾まではっきりいえましたか
⑤ わからないところはすすんで聞くようにしましたか
⑥ グループで協力してできましたか

……………………………

といったように、確認事項を示して、毎時間の終了時に自己評価をさせます。学校によっては、学習態度だけでなく、「登校するまで」「登校したら」「朝会、集会のとき」「学習のとき」「休み時間」「給食のとき」「そうじのとき」「放課後」「欠席、遅刻・早退の場合」「学校から帰って」など、それぞれ確認事項を示して、生活全般について、たえず自己評価させているところもあります。

ある中学校では、学習班ごとにカードを持たせ、一時間の終了時に、班としての成果と改善点を記入させ、次の時間の課題を設定させます。同時に、そのカードには、各生

徒の欄があって、その時間の成果と改善点、次の時間の目標を設定させます。先生は、それらを行う際の相談相手です。このように行えるのは、その時間、その時間の目標が具体的に設定されていて、生徒に示され、生徒にも、自分が何をしなければならないかが理解できているからです。子どもの自己評価にとっても、やはり目標の具体的な設定がたいせつだということです。

自学自習が先決

なお、教育評価は、教育についての評価なので、評価の変革の前に、教育の変革が必要です。自己評価を重視する前に、自学自習を重視することが必要だということです。現在、オープンスクールが試みられていますが、そこで行われているように、何を、いつ、どこで、だれと、どんな方法で学習するかについて、できるだけ子どもに任せ、子どもを主体にすることです。そして、自己評価を組み合わせれば、教育の理想といわれている自学自習と、評価の理想といわれている自己評価の組み合わせとなります。このようにして、はじめて学習と評価の一体化が成立し、たしかな学力が習得されることになるわけです。

ただし、子どもの自己評価は、子どもによって甘くなったり、辛くなったり、その妥当性、信頼性に欠けることがあります。その危険性を補うために、先生、他の子ども、ときには、父母などの評価と組み合わせて用いるようにしたいものです。

【ミニ辞典】

自己教育力　他人の力を借りずに、自分で自分を教育する力のことです。昭和五十八年十一月、中央教育審議会教育内容等小委員会の審議経過報告で提唱されたものです。具体的には、学習への意欲の育成、学習の仕方の習得、自己を生涯にわたって教育し続ける意志の形成と、説明されています。

生きる力　平成十四年度からの教育課程でめざすもので、「自分で課題を見つけ、自ら学び、自ら考え、主体的に判断し、行動し、よりよく問題を解決する能力（知育）。自らを律しつつ、他人と協調し、他人を思いやる心や感動する心など豊かな人間性（徳育）とたくましく生きるための健康と体力（体育）」です。

2　他の子どもによる評価

「子どもは、友達の意見には耳を傾けるし、先生の言葉よりも、子ども同士の言葉がよくわかるといわれていますので、自己評価と同様に、他の子どもによる評価も、かなり効果的だと思いますが。」

「たしかに、友達の言葉は、素直に聞くようですし、わかりやすいようです。その上に、先生や父母が知らない面も、友達は知っているので、他の子どもによる評価は、予想以上に適切で、効果的なんです。」

もっと他の子どもによる評価を

子どもを評価の主体にする方法は、自己評価だけでなく、他の子どもによる評価もあり、従来から行われています。

例えば、子どもが黒板に書いた算数の計算を、「Aさんは、こういうように計算しているけど、これでいいと思う人。」というように、他の子どもに正否を判断させ、意見を述べさせることがあります。

美術の時間に、ひとりひとりの作品を前において、他の子どもに意見をいわせるのも、まったく同じことです。

テストが終わったところで、隣同士で答案を交換させ、おたがいに採点をさせあうこともあります。

最近では、自己評価のところで示したような、学習態度についての確認事項を示し、他の子どもについて状況を記入させることもあります。

また、さきに述べた学習カードについても、班として、あるいは個人として、学習状況を確認し、改善点とその対策を記入すると同時に、それぞれについて、班の他の子どもが意見を述べ、それを記入させてもいます。

自省力と思いやりが育つ評価

このような、他の子どもによる評価は、自分では気づかなかったことを教えられたり、他人の意見に耳を傾けるようになったりするようにもなります。

また、自分も他の子どもを評価するわけですから、他人を評価しながら、自分をも反省する機会ともなります。つまり、自己評価と同じ効果もあるわけです。

そして、自己評価と比べると、多くの子どもたちの評価をつき合わせるので、それによって、妥当性、信頼性が高くなるという利点もあります。

なお、子どもが一人前になるということは、だれでもできる必要があることを自分もできるようになる「個の確立」と、みんなとうまくやっていける「社会化」の両面が身につくことです。しかし、現在、教育や評価で重視されようとしているのは、自己教育力であり、自己評価です。これは、いずれも個の確立で、現在の子どもに欠けている自主性、積極性、集中力、持続力などの育成は、たしかに期待できます。

しかし、これだけでは、現在の子どもたちがもっている「いじめ」「自分さえよければいい」「他人の迷惑は気にしない」などの、社会化における問題点は解決できません。

教育においては、「自分で、進んで、集中して、最後まで」の指導を心がけるとともに、「みんなで」の指導も心がけたいものです。そして、評価でも、みずからを省みる自己評価だけでなく、他人の意見にも耳を傾ける他者評価も、同様に、しっかり行わせるようにしなければなりません。

【ミニ辞典】

子どもの自己評価　子どもが、自分で自分の学習、行動、態度などを評価し、それによって自分を確認、反省し、自分の今後の学習、行動、態度などを調整、改善することをいいます。

子どもの他者評価（相互評価）　子どもを評価の主体者にする方法は、自己評価と、自分ではなくて自分が所属している集団内の他の子どもを評価する他者評価とがあり、後者は相互評価ともいわれています。この方法は、他の子どもを評価することを通して、自己を反省する契機となるので、自己評価と同じ効果があります。また、他人の評価を聞くことを通して、他人の意見にも耳を傾けるようになる利点もあります、さらに、たくさんの子どもの評価によって、妥当性、信頼性も高くなります。

第4章　単元末、学期末、学年末のテストの行い方

1　何をテストするかを明確に

「テストをする時、教科書を見ながら、これを出そう、あっ、これも出そうと、テストするものを決めることが多いですが、これでいいでしょうか。」

「よくないですね。単元や学期などで指導した目標が、達成できているかどうかをテストするわけですから、まず、指導目標の全体をはっきりさせ、その中から何をテストするかを選ぶようにしないと、たいせつなところをテストしなかったり、テストした目標が偏っていたりしてうまくありません。テストした結果から、たいせつなところで習得できていないものがあったら、指導し直したり、学習させ直したり、今後の指導を改善する資料にしたりするんですから、不足していたり、偏っていたりしては困ります。」

目標の具体化を

第2章「指導と評価の一体化」で述べたように、まず、指導目標をはっきりさせます。そのためには、単元ごとに目標の具体化表を作成し、単元末のテストでは、その中から、テストの時間と、テストに使えるスペースに合わせて、テストする目標（評価目標）を選べばいいわけです。

学期末や学年末の場合は、単元ごとの具体化表を、学期としてまとめたり、学年としてまとめたりして、その中から、テストする目標を選べばいいわけです。したがって、単元ごとの具体化表を作ってしまえば、学期末や学年末には、まとめるだけで作る必要はありません。やはり、単元ごとに具体化表を作っておくのがよいということです。

目標に不足、偏りがないように

これがたいへんなら、一歩ゆずって、観点ごとの羅列でもいいですから、指導目標を書き出してほしいものです。いわば、指導目標一覧です。これでも、たいせつな目標が不足していたり、偏っていたりすることはありますが、何回も見直して注意すれば、教科書をパラパラめくりながら決めていくよりは、だいぶん優れています。

この場合にも、学期末、学年末に一気に作ると、かなりたいへんですから、単元ごとに作っておくほうがいいことはいうまでもありません。そして、この一覧の中から、テストする目標を選んでいけばいいわけです。しつこいようですが、できたら目標の具体化表を作ってほしいものです。

【ミニ辞典】

テスト 個人の知能、学力、性格、関心、態度などといった特性について理解するために、その一部分を標本として取り出して、客観的に測定しようとするものです。例えば、学力テストであれば、目標の具体化表に書き出されたものは、子どもの学力を理解するために測定してたしかめたい全体です。その全部の測定は無理なので、テスト時間、テスト用紙のスペースに合わせて、その中から、全体をみごとに代表する標本を選んでテスト目標（評価目標）とします。テスト目標に適したテスト技術を選んで、問題を作成、実施して、採点をし、結果を解釈することになります。良いテストを作るためには、このような手順を正確にふむことが必要です。ただし、いくら良いテストでも、人間が作って、行ったものですから、そのテストで測ったかぎりの結果であって、測られなかった部分で良いものをたくさんもっている可能性があるかもわからない、ということを必ず念頭において、テスト結果は解釈することがたいせつです。

2　評価目標に適したテスト技術の選択

「評価目標によって、その測定に適したテスト技術があると思いますが。」

「そうです。知識、理解、思考、技能、関心、態度などの評価目標に、それぞれ適したテスト技術があります。だから、テスト技術に精通するとともに、評価目標との適合関係を熟知して、適切なテスト技術を選んで、作成して実施する必要があります。」

テスト技術には

テスト技術としては、論文体テスト、真偽法、多肢選択法、組み合わせ法、序列法、訂正法、単純再生法、完成法、問題場面テストなどがあります。その他に、先生が用いている技術には、質問紙法、ゲス・フー・テスト、チェック・リスト法、評定尺度法などもあります。それぞれどんな技術か、長所、短所、作成上の留意点などに、まず精通することです。

評価目標に合ったテスト技術

評価目標との適合関係ですが、「知識・理解」に適しているのは、真偽法、多肢選択法、組み合わせ法、序列法、訂正法、単純再生法、完成法、論文体テストなどです。「思考・判断」については、そのテストのために特に考案されたのが、問題場面テストです。「技能・表現」については、その行動的側面は、チェック・リスト法、評定尺度法、作品評価法などです。知的側面については、「知識・理解」に適しているテスト技術と同様ですが、やり方は知っているが、実際にはできないということにもなりかねないので、作品評価やチェック・リスト法や評定尺度法を中心に用いるようにすることです。「関心・意欲・態度」については、質問紙法、ゲス・フー・テストなどですが、この他には、チェック・リスト法、評定尺法なども用いることができます。

指導の成果を、日常的に、必要に応じてテストするためには、自分で気軽に作って、実施できるようになるしかありません。教師作成テストに関する著書を、たえず手もとにおいて、テスト技術に精通し、どんどん作ってみて、慣れ親しみ、作成能力を高めるようにすることです。

【ミニ辞典】

テスト技術　その1

論文体テスト　採点が主観的になりやすいが、大切な学力を測定できます。

（例）・大化の改新について知るところを記せ
　　・明治憲法を批判せよ

客観テスト　採点が客観的にできます。

(1)　真偽法

（例）次の文を読んで正しかったら○、誤っていたら×をつけなさい。
　・長方形の二つの対角線は直角に交わる　（　）

(2)　多肢選択法

（例）次のア～オの中から正しいものを選んで、記号で書きなさい。

Spring comes（ア，at イ，to ウ，after エ，on オ，before）winter.

（3）組み合わせ法

（例）次の単位は、何をはかるために使いますか。線で結びなさい。

グラム　　　・　　・長さ
キロメートル・　　・広さ
　　　　　　　　　・かさ
　　　　　　　　　・重さ

（4）単純再生法

（例）・月光の曲はだれが作曲したものか。（　　　　）

（5）完成法

（例）次の文中の（　）に適当な言葉を入れなさい。

・天皇は、日本国の（　　　）であり、日本国民統合の（　　　）であって……

問題場面テスト　思考・判断を測定できます。

（例）一郎は、朝早く、まだ暗いうちに起きて、庭のけさ咲くとおもわれるかぼちゃのめばな五こに紙袋をかぶせて、もとのところをひもでしっかりしばっておいた。これらの花は実を結ぶか。また、そう思うわけを書きなさい。

3　テストは単元末に

「テストは、学期末だけ、学年末だけではなくて、単元末ごとにしたほうがいいと、よく聞きますが、どうでしょうか。」

「おっしゃる通り、単元末ごとにするといいですね。」

単元末がよい理由

① テストの回数が多いほうが、子どもは勉強します。学期末、学年末だけでなく、単元末ごとにするほうが、たえず勉強する気にさせられます。

② 子どもの習得状況をていねいに見ることができます。学期末、学年末だけでは、テストできる目標も、かなり限られてきますが、単元末ごとだと、かなりたくさんの目標を、しっかりテストできます。

③　テストの結果を解釈するのが容易です。学期末、学年末のテストだと、学期の初めや学年の初めに指導した目標は、かなり忘れてしまっている子どもがいます。それを、どの程度考慮して解釈するか、問題ごとに考える必要があるので、なかなかたいへんです。その点、単元末ですと、最近学習し終わったばかりですから、忘れているかどうか、その程度を考慮する必要はありません。

④　テスト結果に基づいて、指導がしやすい。最近、学習が終わったばかりですから、どんなことをやったか、子どもの記憶は鮮明です。テストで習得できていないところがはっきりしたら、すぐ指導のし直し、学習のし直しができます。

なお、単元によっては、5時間以内で終わるものもありますが、中には20時間、30時間のものもあります。記憶が鮮明で、テストが指導、学習に効果的なのは5時間前後といわれています。長すぎるようでしたら、適切に区分してテストすることです。テストの作成がやっかいでしたら、5分間前後の小テストでもいいわけですから、ぜひやってください。

【ミニ辞典】

テスト技術　その2

質問紙法　関心・意欲・態度、習慣などの測定ができます。

(例)　宿題は、まっさきにかたづけていますか。

ア、いつもしている　　イ、ときどきしている　　ウ、していない

ゲス・フー・テスト　相互評価に用います。

(例)　勉強や遊び方などで、新しい考え方や方法をよく見つける人はだれでしょう。

1、(　　　　)　2、(　　　　)

チェック・リスト　技能の測定ができます。

(例) 書　写

観たて＼生徒	文字の形がととのっている	筆勢がのびのびしている	字配り、全体の調和がよい
A	∨	∨	∨
B	∨	∨	∨
C	∨	∨	∨
D	∨	∨	∨
E	∨	∨	∨

評定尺度　技能、行動などが測定できます。

・記述評定尺度

		児童名
＋	だれとでも遊べる	A、D、E
	好きな友達とだけ遊べる	B、F
－	友達と遊ぶのをさける	C、G

・図式評定尺度

構想

5	きわめて豊かでおもしろい
4 ⊕	すぐれている
3	ふつう
2	ややよい
1	貧困である

・点数式評定尺度

作文

観点	評定
取材	5
構想	4
表現	4
創作態度	4

4　テストは必ず予告して

「テストは、範囲と日時を事前に知らせるようにしていますが、小テスト的なものを、ときに急にやったりすると、子どもたちが、エーッといった声をあげます。」

「喜びの声ではないですね。それは、非難の声であると同時に、知らせてくれたら、勉強したのに、という意味も入っています。やはり、予告すべきですね。」

予告は学習の動機づけ

テストをする時、その範囲と日時を予告するのは、勉強しておきなさいよと、いう意味です。こういうように、勉強をする気にさせるのを、学習理論では、動機づけといいます。

子どもは、よくできる者でも、必ずしも勉強が好きとはかぎりません。まして、あまりできない子どもは、むしろ嫌いな者が多いのです。だから、先生方は、いろいろ工夫をして、勉強をおもしろくしたり、わかりやすくしたりして、子どもに、勉強を好きになってもらおうとするわけです。テストの予告が、勉強しようとするきっかけになるのなら、それを生かさないのは、もったいない話です。

授業中に、順番に指名する先生がいます。これは、一つは、順番の強制力を利用しています。ふだん発言しない子どもも、順番に指名していきますと、順番なら仕方がないやと、しぶしぶでも発言します。そして、しだいに発言力をつけ、挙手をして発言するようになることが期待できるからです。

二つは、順番にいくから、準備しておきなさいよと、学習を動機づけています。子どもは、目下学習されているところはそっちのけで、自分が何番目だから、このへんが指名されると懸命に準備をします。そして、準備中の子どもは、顔をふせていますが、準備が完了した子どもたちは、顔をあげます。そこで、指名をすれば、いい受け答えができます。その結果、うまく答えられた、よし今度はちゃんと準備しておこうと、勉強をする気を育てることになります。

テストの予告は、これとまったく同じです。やはり、テストは、必ず予告したいものです。

ときに延ばすのも手

ついでに付け加えておきますと、ある先生は、必ず予告しますが、ときどき、今日は都合が悪くなったので、明後日の2時間目にしますと、少し日時を延ばす工夫をしています。これは、テストの日までに、完全には準備ができなくて、もう少し時間があったら、完全にできたんだがなという子どもが、案外いることに目をつけた工夫です。

少し延ばしたために、完全に準備ができ、いつもは、80点の子どもが、満点をとったりします。そうすると、自分もやればできると、それをきっかけに伸びる子どももいるようです。まねてみたい工夫です。しかし、あまりたびたび延ばすと、また延ばすんではないかと、合わせてくるようになるので、ときどきにすることが肝心です。

【ミニ辞典】

動機づけ　学習者が、学習意欲をもって、積極的に学習活動を展開していくようにすることをいいます。その手だてとしては、賞罰、競争、協力、学習目標の明確化、興味・関心の活用、学習結果の知識、知的好奇心の喚起、具体物の体験などがあります。

5　答案は早く返して

「テストは、できるだけ早く採点して返すようにしていますが、先生によって、すぐ返したり、終業式の日にまとめて返したり、いろいろのようですが。」

「早いほうがいいです。テストした結果が早くわかればわかるほど、あっ、合ってた、ちがってたと、印象が鮮明で、正答はしっかり定着し、誤答はさっさと訂正できますからね。」

早いほど学力が向上

かつて子どもの時、テストすると、すぐ採点してその日に返す先生に担任されたり、学期の終わりにまとめて返す先生に担任されたりした経験があると思います。その時に、その日に返す先生だと、ぐんぐん力がついた体験をしたと思います。

結果を知るだけでも、力は伸びるといわれていますが、プログラム学習の即時確認の原理では、さらに、早いほど効果的ということになります。いままで、二日ぐらいで返していた先生は一日で、一日で返していた先生はその日のうちに、といったように、少しでも早く返すようにすれば、ぜったいに子どもたちの学力は伸びます。早く返すよう心がけたいものです。

いちばん早いのは自己採点

いちばん早く結果を知らせる方法は、自己採点です。ときどきは試みたいところです。

この場合は、正答を黒板に書いて行うとか、正答を読みあげながら行います。このように、正答を知らせるのは、自己採点の時だけでなく、ふつうの返却の場合にもしたいものです。そうしないと、誤っている部分を訂正しないままになってしまうので、その部分の力がつかないからです。

先生によっては、できたと思ったら持ってこさせ、その場で合っているところだけ◯をつけ、誤っているところをやり直させ、これをくり返して、すべての子どもが満点になるまで行っている人がいるようです。この方法によると、ついには、ほとんどの子どもが、はじめから満点をとるようになるということです。やってみる価値が、あるようです。

仕上げは上手な言葉かけ

なお、返す時には、はげましの言葉、いい点を認める言葉などを、必ずかけたいものです。「よくできたね。」「ここは、よくわかったね。」「ここが、とてもよかったよ。」といったようにです。

テストの仕上げは、返す時の言葉かけという先生もいるほどです。ほめられたり、認められたりした子どもは、うれしくなって、またがんばろうという気持になることは確実です。必ず声をかけたいものです。

これらのテスト結果は、通信簿や指導要録に成績を記入する時のデータですから、一覧表、個別カード、補助簿ファイルなどを作成して、記入しておきたいものです。

また、テスト結果からは、指導の仕方はよかったかどうか、今後の指導はどう展開するか、たっぷり反省と改善をしてもらいたいものです。それと同時に、たいせつなところで未習の部分があったら、個別に指導するか、保護者の協力によって補うか、ともかく指導のし直し、学習のし直しをさせるようにしなければなりません。このようにすれば、先生も、子どもも、ともに学び、ともに伸びていくことになります。

【ミニ辞典】

結果の知識　学習の結果について、うまくいったかどうかを知ることで、KR情報ともいいます。結果を知ると、子どもたちの学習が促進されるので、動機づけの手段として有効とされています。

即時確認の原理　学習者に、目標を達成させるために、系列化した細かいステップ（スモールステップの原理）を準備し、順序にしたがって学習させるプログラム学習を支える原理の一つです。ステップごとの学習で、うまくいったかどうかが、すぐにわかるほうが、学習が促進されるということです。

第5章　テスト結果の解釈と成績のつけ方

1　絶対評定（評価）の行い方

「絶対評定（評価）のポイントは、指導目標だと聞いていますが。」
「そうです。絶対評定（評価）は、指導目標の実現の度合によって、得点や状態を解釈し、成績をつけるやり方です。目標基準準拠評定（評価）ともいいます。」

絶対評定（評価）とは

例えば、このテストで90点以上の子どもには、五段階の5をつけるといったように、指導目標を十分実現している子どもには、みんな5をつけるというやり方です。
だから、やり方としては、指導目標をはっきりさせ、その中から評価目標を選んで、テストや観察でしっかり資料を集め、五段階であれば、例えば、90点以上は十分実現しているから5、80点以上89点は、だいたい実現しているから4、60点以上79点は3、40

点以上59点は2、39点以下は1といったように、あらかじめ評定の基準を決めておいて、やればよいわけです。また、「観点別学習状況」のように、三段階であれば、80％以上できていればA、60～79％まではB、59％以下はCといったようにやります。

絶対評定（評価）の長所

このやりかたの長所は、後で述べる相対評定（評価）のちょうど逆になります。

①　力を他の子どもと比べないで、指導目標と比べますので、学年としての力はどうかを直接表わせます。だから、力があるクラスは全員5になったり、全員Aになることもあります。また相対評定（評価）では、せっかく90点をとったのに、1で泣いていた子どもも、めでたく5になります。しかし、力がないと全員が1になったり、全員がCになったりすることもないわけではありません。

②　力そのものを表わしますから、先生の指導がうまくいっている、学年としての力は十分と、そのまま表わすことができます。しかし、先生の指導がうまくない、子どもの力が不十分も、もちろん直接表わしますので、なかなか厳しい評定になるこ

とがあります。

③　力そのものをみて、他の子と比べないので、努力して進歩すれば、それを表現してやれます。相対評定（評価）では、努力して進歩して、80点になっても相対的位置が変わらずにまた3をもらってがっかりした子どもも、めでたく4になります。

絶対評定（評価）の欠点と対策

しかし、欠点がないわけではありません。指導目標の実現の度合で解釈したり、成績をつけたりするので、まず、指導目標をはっきりさせる、そしてどの程度実現したら5をつけるのかという基準を設定しなければならないという厄介な作業が必要です。

この作業をいいかげんにすると、先生の主観の濃いものになってしまいがちで、信用をなくすことにもなりかねません。絶対評定（評価）は教育的に望ましい面がありますだから、何としてでもやることが必要です。しかし、この作業を行わなければという難問があります。個々の先生だけではたいへんなので、この作業を学校をあげてやることです。一回やっておけば、あとは、部分的に修正すればすむようになり、その後は楽になります。一回だけの苦労をみんなで分けあうことです。

【ミニ辞典】

絶対評定（評価）の段階基準　「観点別学習状況の」三段階の場合は、表に示したように、基礎的目標と、発展的目標とによって基準を変えて行います。例えば、学力の場合、テストで70点分が基礎的目標、30点分が発展的目標であれば、70点の80％の56点と、30点の70％の21点と、計77点以上は３（Ａ）というようにします。行動の場合も、「自分の役割は必ず果たす」といったように行ってほしい行動を書き出しておき、それらの80％以上を行っていると「○」をつけます。「評定」の三段階の場合は、テストなどの合計点を80％以上３、79％〜60％を２、59％以下を１とする方法があります。また、「観点別学習状況」のＡを２点、Ｂを１点、Ｃを０点として、合計する。４観点であれば８点〜０点となるが、８点〜６点を３、５点〜３点を２、２点〜０点を１とするやり方があります。さらに、Ａを３点、Ｂを２点、Ｃを１点として合計し、平均を出して行うやり方もあります。この場合、観点に重みづけをするやり方もあります。五段階の場合は合計点の90％以上を５、89％〜80％を４、79％〜60％を３、59％〜30％を２、29％以下を１とする方法がありま す。そしてＡを５点、Ｂを３点、Ｃを１点とし、合計点から五段階評定する方法、合計

段階＼目標	基礎的目標	発展的目標
３（Ａ）	80％以上	70％以上
２（Ｂ）	60〜79％	50〜69％
１（Ｃ）	59％以下	49％以下

して平均で決定する方法、観点に重みづけをして平均する方法もあります。

2　相対評定（評価）の行い方

「相対評定（評価）というと、ポイントは何でしょうか。」

「相対評定（評価）はひとりひとりの子どもの得点を、学級とか学年といったような、集団の中での相対的位置で解釈したり、成績をつけたりするやり方です。だから、ポイントは、集団内での相対的位置ですね。集団基準準拠評定（評価）ともいいます。」

相対評定（評価）とは

例えばある子どもが90点をとったとします。90点ですと、百点満点では、かなりいい得点です。本人も、父母も、五段階だと、当然5を期待します。ところが、極端な場合

１になることもあります。父母は、「90点なのにどうして１なんですか。」と不審に思います。しかし、クラスの子どもがみんな優秀で、ほとんどが95点以上ということだと、「実は、90点は、このクラスでは最低なんで、１なんですよ。」ということになります。クラスでの相対的位置は、最下位だから１だということです。優秀なクラスに入った悲しさです。

逆の場合もあります。例えば、59点だったとします。本人も、父母も、うまくいって３だと思うでしょう。ところが、なんと５がついている。先生に聞いてみると、「59点は、クラスでいちばんよかったから、５なんです。」ということです。クラスでの相対的位置が、最高だから、５になったわけです。学力の弱いクラスにいる幸せです。

このように、相対評定（評価）は、集団での相対的位置で、子どもの学力や状態を解釈したり、成績をつけたりするやり方です。

だから、観察やテストなどで、たくさん資料を集めておいて、順位をつけ、上位７％を５にし、次の24％を４にしていけばよいわけです。

相対評定（評価）の長所

このやり方の長所は、同じ資料で成績をつけると、「上から三人を5にする」という場合、先生のだれがつけても、同じ子どもが5になります。つまり、客観的で、安定していて、行いやすいということです。

相対評定（評価）の欠点と対策

しかし、欠点もあります。

① クラス全体の子どもたちの、力によって、同じ力でも、5になることもあったり、1になることもあるというように、クラスでの相対的位置を表わしていて、力そのものを表わしていません。その学年としての力はどうかを直接は示していないということです。力がそれほどない子を、つけ上がらせたり、力がある子を、がっかりさせたりするわけです。力そのものを表わす評価を合わせて行いたいものです。

② 力が優れたクラスでも1から5まであり、力が弱いクラスでも1から5まであります。だから、クラスの子どもたちの力があるのかないのかを、直接表わせません。

やはり力そのものを表わす評価をいっしょに行う必要があるでしょう。

③　いっしょうけんめい努力して、いままで60点、70点が多くて3だった子どもが、いまでは80点台が多くなったとします。努力して進歩したわけです。しかし、周囲の子どもも同じように努力して進歩していると、クラスでの相対的位置が同じあたりで、変わりませんので、また3だったということがあります。つまり、子どもの努力や進歩を表現してやれないことがあるという、悲しさがあります。進歩の様子を表わせる評価を、いっしょに行うことです。

【ミニ辞典】

相対評定（評価）の段階比率　図に示したのは標準的な比率です。小学校3～6年では、内容が少なくてやさしいので、1は少なくていいということです。これを参考にして、学校や学級の実情に応じて、若干ずつ修正して行うことです。

相対評定（評価）と指導要録　「総合所見及び指導上参考となる諸事項」欄に、必要な場合に記入することになっている。

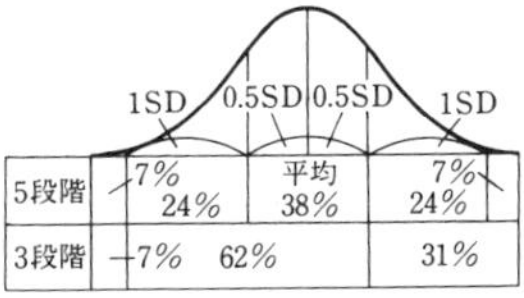

「個人内評定（評価）こそ、理想だという意見があるようですが。」

「たしかに理想的といえるでしょう。なにしろ本人の長所、進歩の様子、特徴を徹底して認めようということですから。個人基準準拠評定（評価）ともいいます。」

3　個人内評定（評価）の行い方

個人内評定（評価）とは

例えば、ある子どもが算数で30点だとします。相対評定（評価）では、クラスでもっとも低い得点でしたので、五段階評価の1でした。絶対評定（評価）も、指導目標の30％しか実現できていないので、やはり1でした。しかし、前の算数のテストが10点だった場合は、前よりよくなったと「進歩の様子」に〇をつけることができます。また、国語が10点だったとすると、「算数が国語よりいいね。」と、はげますこともできます。

個人内評定（評価）は、本人の前の成績と比べたり、他の成績と比べたりして、本人としてはどうかを、解釈し、成績をつけるやり方です。前と比べるのを、縦断面的個人内評定（評価）、他の面と比べるのを横断面的個人内評定（評価）といいます。だから、やり方としては、個人別にテストや観察の結果を記録しておいて、前と比べてどうか、他と比べてどうかを、考えればいいわけです。

個人内評定（評価）の長所

個人内評定（評価）には、なかなかの長所があります。

①　本人としての長所、特徴をすべて認められるので、現在、教育がめざしている個性の尊重、個性の伸長の教育にピッタリということができます。

②　本人の長所だけでなく、短所も明らかにできるので、指導や学習での個人としての重点を明らかにできます。

③　本人としての進歩の様子も表現できるので、すべての努力をかってやることができます。したがって、努力のしがいがあると、子どもが意欲的になります。

個人内評定（評価）の欠点と対策

しかし、欠点がないわけではありません。

① すべての長所、進歩を認めるあまり、甘い評定になる危険性があります。例えば、30点の子どもを前よりがんばったとはげますのはよいですが、なお学力が不十分であることを忘れないことです。したがって、ほめ、はげますだけではなくて、「だけどもっとがんばって力をつけないと、まだまだみんなよりおくれているんだからね。」と、ワサビをきかすことを忘れないようにしたいものです。

② 解釈上難しい点があります。前と比べるといっても、前のテストが難しくて、今度のテストがやさしかったら、比べられるのかということ、また、他の面を比べるといっても、質的に違うものが比べられるのか、ということ、などです。教育上効果があるんだからと、これらの難点には目をつむって用いているのが現状です。子どもを伸ばすのが教育ですから、たしかに子どもが伸びるのであれば、少々の難点は目をつむってもいいと思います。ただし、同時に、できるだけ適切に行う努力は

続けなければなりません。

③　本人としては進歩した、本人としては長所はここだということですので、その学年の力としてどうかという視点が欠けています。本人としてだけでなく、それぞれの学年、教科での基礎・基本は、やはりすべての子どもに習得させたいので、他の評価の仕方とあわせて用いることが必要でしょう。

【ミニ辞典】

横断面的個人内評定（評価）　個人のいろいろな特性を相互に比較して、本人の長所、短所を明らかにできます。したがって、個性の理解と伸長に役立ちます。例えば、教科間を比較するのも、その例ですが、もっと詳しく「観点別学習状況」の観点間を比較するのも一つの方法です。

縦断面的個人内評定（評価）　本人の前の成績、状況と比較して、進歩の様子を明らかにします。ふつう、教科ごとに行われていることが多いですが、もっと詳しく、教科の観点ごとに行うとか、「行動」の項目ごとに行うとか、ぜひ考えたいところです。

ポートフォリオ評価　ポートフォリオとは書類挟みのことで、いろいろな資料を個別にファイルし、個人の成長を明らかにし、支援をしようとするものです。これまで手厚くなかった縦断面的個人内評定（評価）をしっかりしようという工夫です。

第6章　知能検査の生かし方

1　知能検査で測っているもの

「知能検査で測っている知能は、どう考えたらいいでしょうか。」

「ふつう、勉強したらどのくらいできるようになるか、学習する能力を測ろうとしています。もうちょっと詳しくいうと、考える力を中心に、学習する能力を測ろうとしていますが、これは、同時に、生活の中でのいろいろな問題をうまく処理する、生活への適応能力にも通ずるものです。」

知能とは

知能については、多くの研究者が定義していますが、まとめてみますと、抽象的思考力、学習能力、適応能力などになります。これらと学力との関係を調べてみますと、関係がたいへん深いことがわかってきました。つまり、子どもが勉強する時に、それを支える能力として、たいへん重要な働きをしているものだということです。だから、現在、全国のほとんどの学校で、知能検査を実施しているのは、学習指導のための貴重な資料をうるためです。

知能を測るためには、その中味をもっと詳しく知る必要がありますが、現在、わが国で妥当な考え方だと、多く用いられているのは、サーストンとギルフォードの考え方です。

サーストンの考え方

サーストンは、知能は七つの因子からできていると考えています。

知覚　図形や絵などの細かいところまで、速く、正確にとらえる能力。

空間　いろいろなものを、見えないところも想像して、立体的にとらえる能力。

数　たし算、引き算など、数を速く、正確に扱う能力。

言語　文字や言葉を読んだり、聞いたりして、その意味を理解する能力。

記憶　過去のことを思い出したり、文字、数、図形などをおぼえる能力。

語の流暢性　文字や言葉を、なめらかに書いたり、使ったりする能力。
推理　いくつかのことをまとめて、原則をみつけたり、法則をつくったりする能力。
このような、サーストンの考え方が、わが国の知能についての考え方の主流でしたので、現在でも、この考え方で作られている知能検査がたくさんあります。

ギルフォードの考え方

しかし、より新しいギルフォードの考え方が、しだいに取り入れられ、これに基づいた知能検査が作られ始めています。ギルフォードは、知能を三つの次元の組み合わせで考えています。

素材　用いる素材の特性は、四つあります。
図形的　大きさ、形などの図形的特性
記号的　文字、数字などの記号的特性
意味的　語や文の意味などの意味的特性
行動的　身振り、表情などの行動的特性

機能　働かせる機能は、五つあります。
認知　だれでもよく知っている事物の特質を見つけたり、理解する能力。
記憶　事物などについてえた知識をもち続ける能力。
拡散思考　与えられた材料から、可能性のある、いろいろな新しい結論を生み出す能力。
集中思考　与えられた材料から、論理的に必然性のある、ただ一つの新しい結論を引き出す能力。
評価　一定の基準を満たしているかどうかを比較、判断する能力。
所産　えられる所産は、六つあります。
単位　個々の事物などの単位に関して。
分類　同じ種類などの類に関して。
関係　いくつかの材料の関係について。
体系　材料の間にみられる体系に関して。
変換　異なった視点からみる変換に関して。

含意　結果などの確率の高い予測特性に関して。

【ミニ辞典】

ギルフォードの知能の立体模型

ギルフォードは、下図に示すように、知能の構造について、理論的には、素材、機能、所産からなる立体で示すことができると、提唱しました。わが国でも、この考えに共鳴して、新しい知能検査の作成が試みられています。

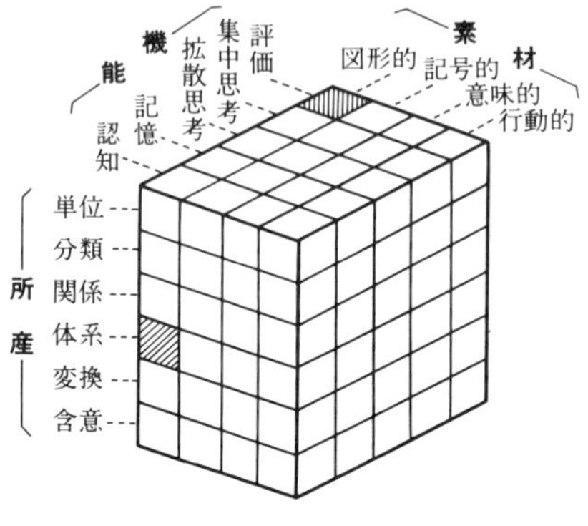

２　知能検査にはどんな種類が

「知能検査にも、いろいろな種類のものがあるようですが。」

「そうです。ひとりひとり実施する個別検査もありますし、学級などでまとめて実施する集団検査もあります。また、集団検査は、言語だけで作られている言語性検査や、図形などで作られている非言語性検査や、両方が入っている混合式検査などです。」

個別知能検査

個別知能検査は、ひとりひとりの子どもに、一問一問のやり方をよく説明して、よくわからせてからやりますので、その子どもが一問一問を解く力があるかどうかが、正確にわかります。

だから、精密な検査なので、小学校へ就学する時や、教育相談の時など、知能水準を正確に知る必要がある時に用いられます。

また、幼児は、集団で検査を受けることになれていませんし、その能力も十分ではありません。だから、幼児の知能を知りたい時は、個別知能検査が用いられます。

個別知能検査には、ビネー式、ＰＢＴ、Ｋ・ＡＢＣ、ＷＩＳＣ、ＷＡＩＳ、ＷＩＰＰＳＩなどがあります。

集団知能検査

集団知能検査は、学級の子どもをまとめて実施しますので、やや大まかな検査です。しかし、効率よく子どもたちの知能水準がわかりますから、学級担任としては、まず、集団知能検査の実施と活用を考えるべきでしょう。

したがって以下は、集団知能検査を中心に説明することにします。

集団知能検査の種類としては、言語によって作られている言語性検査（Ａ式検査ともいいます）と、図形などで作られている非言語性検査（Ｂ式検査ともいいます）と、両方が入っている混合式検査（ＡＢ混合式、ＡＢ併用式ともいいます）があります。

幼児、小学校低学年では、言語能力が十分でない子どもがいることも考えられるので、Ｂ式検査を用います。小学校中学年以上では、Ａ式検査、Ｂ式検査、混合式検査のいずれでも用いられますが、Ａ式検査だけ、Ｂ式検査だけよりも、いっしょに両面をみられる混合式検査が多く用いられています。

【ミニ辞典】

ビネー　知能検査の創始者です。彼は、パリの教育当局から、小学校就学時に知的能力を測定するものを作ってほしいと依頼され、医者シモンの協力によって、一九〇五年に作り上げました。これが、最初の知能検査です。その後、改訂が加えられ、これを元にして、世界各国で同様な知能検査が作られています。スタンフォード・ビネー、わが国では、田中ビネー、鈴木ビネーなどで、個別知能検査です。

3　知能検査の実施で気をつけること

「知能検査を実施する時に注意しなければならないことは、どんなことでしょうか。」
「まず、良い検査を選んで、適切な時期に、手引の指示を守って行うことです。」

良い知能検査

知能検査が備えていなければならない条件が、いくつかありますが、特にたいせつなのは、妥当性と信頼性です。
妥当性は、この検査は、たしかに知能を測っているといえるかどうかを示すものです。
そして、信頼性は、検査の結果がいつも安定しているかどうかを示すものです。手引にていねいに解説してありますので、よく読んでから、選ぶようにすることです。

実施の時期

実施時期は、目的によって違いますが、ふつうは、学年の当初か、学年末に実施することが多いようです。学年の当初に実施するのは、指導要録に記録するとともに、その学年で学習指導の資料として使うためです。学年末に実施するのは、指導要録への記入のためとともに、次学年の当初から学習指導の資料として使うためです。

実施上の留意点

そして、具体的な実施についての注意は、次の通りです。

①　手引や用紙が、学校に届いたら、すぐ不足はないか部数を確認しましょう。当日、荷物を開くようでは、不足していた時、間に合いません。

②　事前によく打ち合せて、実施に精通しましょう。実施に入ってからあわてないようにということです。

③　検査時刻は、午前中の疲れていない時間にしましょう。二時間目か三時間目あた

りが、最大の能力を発揮するはずです。

④　検査場は、なれている教室にしましょう。余分な緊張をさせないためです。

⑤　検査者は、学級担任の先生が、よく練習してしましょう。ふだん指導をしていない先生では、余分な緊張をさせたり、実施の仕方の説明をどのくらい理解できているか、子どもの理解能力がよくわからないからです。

⑥　検査時間は、正確に行いましょう。全国的に同じ時間で実施しているので、同じ尺度で測れるわけです。そのためには、必ずストップウォッチを使うことです。ストップウォッチの使い方になれていなくて、操作にとまどう人がいるようですが、よく練習しておくことです。

【ミニ辞典】

妥当性　テストが測ろうとしているものを測っているかどうかということで、よく測っている時に、妥当性が高いといいます。ふつうはテストの得点と、テストで測ろうとしているものが他に示されているものとの相関を求めて、妥当性を示します。例えば、知能検査の得点と、知能が具体的に発揮されている学力の検査得点との相関を求めて、高ければ妥当性が高いといったようにです。なお、同じく妥当性といっても、細かくみると、内容的妥当性、予測的妥当性、併存的妥当性、構成概念的妥当性などがあります。

信頼性　テストの結果が、安定しているか、一貫しているかどうかを示すものです。だれが行っても、何回行っても、たえず同じような結果が出ると、このテストは信頼性が高いといいます。たしかめ方としては、再検査法、折半法、代替検査法、キューダー・リチャードソン法などがあり、やり方によって、結果の安定性、検査の等価性、内部一貫性など、違う面を示していますので、手引を見る時には、この点を注意してみることです。

4　知能検査の結果の表わし方

「知能指数、知能偏差値、知能診断プロフィールなどは知っていますが、この他にもあるんですか。」

「それらが基本的なものです。よく知っておく必要があるものです。もちろん、それ以外にもないわけではありません。」

個別知能検査では、知能指数が中心、集団知能検査では、知能偏差値が中心と、若干違うところがありますが、両方を含めて、ふつうよく使われているものをあげてみます。

① 知能水準　知能指数、知能偏差値、偏差知能指数、知能段階などで表わされています。

② 知能構造　A式偏差値、B式偏差値、下位テストごとの五段階評定とプロフィールなどで表わされています。

③ その他　検査によってですが、知的作業の特質として正確さと速さ、知能構造から推定される教科ごとの学力期待値、学習基礎能力偏差値、素材別・機能別の五段階評定、創造的思考の特性別五段階評定など、データがたいへん豊かになってきています。

これらを、学級や個人でまとめて、見やすくするとか、それぞれについての診断と指導上の配慮などをていねいに示すとか、現在では、コンピュータシステムがたいへん工夫されています。

【ミニ辞典】

知能検査の結果の表示法

知能指数	知能偏差値	理論的分布	知能段階	評価段階
140 以上 124～139	75以上 65～74	1％ 6	上	5
108～123	55～64	24	中の上	4
92～107	45～54	38	中	3
76～ 91	35～44	24	中の下	2
60～ 75 59 以下	25～34 24以下	6 1	下	1

$$\text{知能指数(IQ)} = \frac{\text{精神年令(MA)}}{\text{生活年令(CA)}} \times 100$$

$$\text{知能偏差値(ISS)} = \frac{\text{個人の得点}(x) - \text{平均}(\bar{x})}{\dfrac{\text{標準偏差(SD)}}{10}} + 50$$

$$\text{偏差知能指数(D・IQ)} = \frac{x - \bar{x}}{\dfrac{\text{SD}}{16}} + 100$$

それぞれ計算する式は、示した通りで、その解釈は、表に従えばよいわけです。知能指数も、偏差知能指数も、一〇〇を中心に上か下かで、優れているか、劣っているかということです。知能偏差値は、50を中心に、上か下かで優劣を判定します。この他には、診断プロフィールがあり、下位検査ごと、能力別に優劣をみたり、特徴を考えたりすることができます。

なおあとで、出てくる学力偏差値、学力診断プロフィールも、まったく同じです。

5　知能検査の結果の活用法

「検査結果を、指導要録へは必ず記入するんですが、なかなか活用できなくて。」

「たしかに、まず指導要録へは、必ず記入することです。しかし、せっかくのデータを活用しないのは残念ですね。先輩がいろいろな活用法を工夫し、行っていますので、同じように、みんなの先生に活用を心がけてほしいものですね。」

全国の学校で、よく行われている活用法を中心に、説明してみましょう。

① 指導要録への記入、活用　記録して資料として保存することから始まります。そうしておけば、何回でも活用できますし、前や後の結果と合わせて、よりたしかな資料として活用もできます。継続は、力なりです。

② 知能水準の理解　ある先生は、検査結果を手にすると、ひとりひとりの子どもに

ついて、ふだんの学習の様子と比べて、能力についてのイメージ作りや今後の指導法について考えることにしています。

また、ある先生は、学級の知能分布や平均をみながら、学級の特徴を考えたり、指導の仕方を反省し、改善するようにしています。

③　知能構造の理解　先生によっては、診断プロフィールで、各子どもの特徴を理解したり、A式タイプやB式タイプの人数を調べ、学級の特徴を理解したりしています。生徒理解の一環として行っているということです。

④　学力との比較　多くの学校で行われていますが、標準化学力検査といっしょに実施して、二つの結果を比較して、能力を発揮しているかどうかをチェックし、発揮していない子には、原因を調べて指導を行っています。学業不振児の発見、診断、指導です。学習障害（LD）の発見、診断、指導も同様に行います。

⑤　適正就学への資料　小学校への就学時、中学校への入学時に、各地の教育委員会では、就学指導委員会を設置し、本人にもっとも適切な環境で学習するようにはからっています。この時、知能検査の結果は、資料の一つとして活用されています。

⑥　学級編成の資料　ある学校では、学級の編成替えを行う時に、知能検査の結果を一つの資料として活用しています。ある先生は、学習班を学級内で作る時に、知能検査の結果も、一つの資料として活用しています。
学級も、学習班も、いずれも学習するためなので、その背景にある能力を考慮する必要があるということです。

⑦　進路指導への資料　ある中学校では、進学指導の際に学力検査の結果だけでなく、知能検査の結果も合わせて検討することにしています。これは、学力は、合格可能かどうかの手がかりにし、知能は、進学後の成果を予測する手がかりにするため、ということです。
ある中学校では、就職指導において、知能検査の結果を、資料の一つとして必ず加えています。やはり、就職後に、その仕事をこなせるかどうかを予測するためには欠かせない資料ということからです。

◆こぼれ話◆

知能検査のお蔭

Ｋ君、旧制中学、学制改革による新制高校の六年間、机を並べた仲間です。平泳ぎの選手で、県を代表して国体へ出場するほどの実力の持ち主でした。

授業では、先生の話を聞き、ノートをとり、放課後はプールで厳しい練習。帰宅後は夕食、風呂、そしてバタンキューという毎日でした。それでいて、成績はいつも上位。よほどの頭脳の持ち主であったと思われます。たしかに、その頓智頓才ぶりはみごとでした。

ワン君という渾名の先生の授業を妨害した時のことです。Ｋ君の発案で、みんなで吠えることになりました。先生が黒板に向かわれると「ワン、ワン」、振り返られると知らん顔。先生も怒ると授業を止めることになるので辛抱されます。私たちはチャンスをとらえては「ワン、ワン」。辛抱のしあいでした。しかし、ついに堪忍袋の緒を切られて、「ウルサイッ」、みんなはシュン。ただＫ君一人だけがシュンとならず、この一瞬をとらえて「キャーン」。あらかじめ考えていたのか、瞬間的にひらめくのか、みんながどっと笑い、先生は真赤になって怒って帰られました。しかし、教室を出られる時さすがに腹にすえかねて、立ち止まって声の方向をにらまれます。みんなは先生と目が合いそうになると、あわててそらすが、Ｋ君だけは目が合ってもそらしません。そらさないどころか、合った瞬間をとらえて、隣の方を見てお前だろうという顔をします。その生徒が青くなるというわけです。絶えずなめらかに働く頭脳のようでした。
　そのK君は現在医者です。当時、担任であったY先生の話によると、研究熱心な先生の発案で知能検査を行い、その結果、K君がたいへんな知能の持ち主ということがわかりました。そこで本人を呼んで、進学の意志の有無を聞いたのが、水泳シーズンが終了した三年の秋。本人の答えは家庭の事情もあって、進学の意志なし。お父さんに会って優秀さを説明し、進学させるように説得しました。一週間ほどして本人が来て「先生のお蔭で進学することになりました」「よかったな、どこを受ける」「はい、○○大学医学部です」、今度は先生がびっくり。すでに三年の秋、受験準備なし。ところがみごと合格。優秀な知能と体力で間に合ったのです。
　Y先生は最後に、「K君の現在があるのは、知能検査のお蔭だね」としみじみいわれました。この言葉が、知能検査に限らず、心理検査の作成の時、その効用を説く時の、私の心の支えです。

第7章　標準化学力検査の生かし方

1　標準化学力検査とは

「学力検査にも、いろいろあるようですが。」
「はい。学力検査には、教師自作テスト、市販テスト、標準化学力検査などがあります。」
「どんな違いがあるんですか。」
「教師自作テスト、市販テストには、全国水準の尺度がありません。テスト結果は、学校内、学級内では比べられても、全国水準でみることはできません。標準化学力検査は、全国水準でみる尺度をもっています。学年に一回は実施して、学級の子どもたちの学力を全国水準で考えてみたいものですね。」
「知能検査の結果と比べるのも、当然標準化学力検査ということになりますね。」
「その通りです。両方とも全国水準での尺度をもっていますから、正確に比較でき、能力を発揮しているかどうかがわかります。ただし、標準化学力検査には、全国水準でなく、地方水準のものもありますので、知能検査の結果と比べる時には注意が必要です。」

標準化学力検査の特性

標準化学力検査には、次のような特性があります。

① 「内容」 全国的に偏りのないものになっています。だから、全国どこの学校、学級でも同じように用いることができます。

② 「実施の仕方」 手引に、ていねいに書いてあります。だから、全国どこの学校で実施しても、同じように実施できます。

③ 「採点」 その基準が手引に示されています。だから、全国どこの学校で採点しても、同じように採点できます。ただし、現在は、コンピュータによる採点のほうが、効率的であることと、豊富なデータが短時間に出せることから、専門機関に依頼していることが多くなっています。

④ 「解釈の仕方」 尺度が手引に示されているので、全国どこの学校で検査結果を解

釈しても、同じように解釈することができます。

標準化学力検査の種類

標準化学力検査の種類としては、NRTとCRTとがあります。

〈NRTとは〉

集団基準準拠テストの略称です。テストを、全国的な集団に実施し、その測定値で算出した基準（集団基準）、例えば平均などに基づいて尺度が作られている学力検査です。

集団基準に基づく尺度の代表的なものは、学力偏差値で、NRTを行えば、子どもたちの学力偏差値がわかります。学力偏差値は、50であれば全国的な平均と同じ、50以下であれば平均より下で、50より上であれば、平均より上ということです。つまり、それぞれの子どもの学力が、全国的にみて、上か、普通か、下かという相対的位置がわかります。NRTは、相対評定（評価）テストということです。

なお、知能検査の結果と、標準化学力検査の結果とを比較して、能力を十分発揮できているかどうかを検討することが、全国的に、多くの学校で行われています。これが正確に行えるのは、学力偏差値が出せる、このＮＲＴによってです。

また、テスト結果は、診断的プロフィールに描かれ、子どもたちの学力の構造、長所・短所がよくわかります。ただし、ＮＲＴは、領域別のプロフィールになっているのがほとんどです。

〈ＣＲＴとは〉

目標基準準拠テストの略称です。テストにおいて、実現すべき基準（目標基準）を設定して、それに基づいて解釈される学力検査です。

例えば、国語のＣＲＴであれば、国語で著名な先生方で協議し、問題ごとか、あるいは「国語への関心・意欲・態度」「話す・聞く能力」「書く能力」「読む能力」「言語についての知識・理解・技能」などの観点の問題群ごとに、80％以上できれば「十分満足」、79％から60％できれば、「おおむね満足」、59％以下は「努力を要する」とする、といったように、評定の基準を設定します。

そして、70％できた子どもは、「おおむね満足」、50％のできの子どもは、「努力を要する」といったように解釈します。ＣＲＴを行えば、子どもたちが、その教科で、その学年で実現を期待されている指導目標を、どの程度実現しているかがわかります。つまり、ＣＲＴは、絶対評定（評価）テストということです。

なおＣＲＴは、ふつう学力偏差値を算出できないので、知能検査の結果との正確な比較には若干無理があります。このような目的のためには、ＮＲＴの実施が望ましいということです。

また、ＣＲＴの下位検査はほとんど観点別にできています。だから、通信簿や指導要録で観点別の評定を行うのには、たいへん強力な助けになります。

標準化学力検査は、ＮＲＴ、ＣＲＴのように、学年ごとの教科別にできているのがほとんどですが、これら以外にも、何学年にもわたっている通年式、学期ごとの学期別、読書力・漢字力・計算力などの特定な領域についてていねいに測定するものなどがあります。

【ミニ辞典】

テスト・バッテリー　ある目的を達成するために組み合わせて用いられるテストの組み

合わせのことです。例えば、学業不振児の発見、診断、指導のためによく用いられているのが、知能検査、学力検査、学習適応性検査のテスト・バッテリーです。上に示したように、知能検査と標準化学力検査（ＮＲＴ）を実施して成就値を算出します。現在は、修正した成就値が用いられていますが、これによって、＋が大きいとオーバー・アチーバー、０近辺をバランスド・アチーバー、－が大きいとアンダー・アチーバーとして、能力の発揮の具合を見て、学習指導の資料とします。この中で、アンダー・アチーバーが、学業不振児にあたります。そこで、学習適応性検査によって、学業不振の原因をさぐり、それを治療するようにします。学業不振が治療できたかどうかは、また知能検査と標準化学力検査を実施して、成就値が、０近辺か、＋に変化していることを確認することによって判断できます。テスト・バッテリーとしては、

成就値＝学力偏差値－知能偏差値
（例）＋15＝65－50
能力相応以上：オーバー・アチーバー
（例）０＝55－55
能力相応：バランスド・アチーバー
（例）－15＝50－65
能力相応以下：アンダー・アチーバー

この他にも、次のようなものが、広く使われています。

学習相談――知能検査（知能水準が普通であることの確認）、学力検査（教科間や観点間のバラツキが多いことの確認）、学習障害として、発見、診断、指導する。

就学時健康診断――集団知能検査（知的遅れの疑いのある者の発見）と個別知能検査（その水準の精密な測定）。

生徒指導、問題行動――性格検査やソシオメトリック・テスト（問題のある子・問題の所在の発見）と適応性検査（原因の診断と指導の手がかりをうる）。
進路指導――進学では、学力検査（合格の可能性の判断）と知能検査（進学後の成果の予測）。就職では、職業適性検査と興味検査、志望検査。
これから、いくつかのテストの組み合わせ以外に、生徒指導検査、進路指導検査、就学時知能検査など、一冊のテストがバッテリーとして作られているものもあります。

2　標準化学力検査の実施で気をつけること

「知能検査と比べると、つい安易な気持で実施しがちなんですが。」
「それでは困るんです。同じように、手引にしたがって、正確に実施してほしいものです。実施が不正確ですと、せっかく苦労してテストしても、その結果が、あまり使えなくなってしまうこともありますから。」

実施上の留意点

実施する時には、次のような点に注意するようにしてください。

①　目的に合った、良い検査を選びます。

知能検査の結果と比較するのであればＮＲＴ、観点別の学習状況をみたいのであればＣＲＴ、といったように、目的に合わせて選んでください。そして、検査の善し悪しは、何といっても妥当性と信頼性です。手引には、必ず説明してあるはずですから、よく読んで検討してください。この説明がない検査は論外です。

②　目的に合った時期に実施します。

知能検査との比較であれば、二学期までにＮＲＴを実施し、学年の中で指導できる期間的なゆとりをもつ必要があります。観点別学習状況を評価する参考資料としたいのであれば、学期末、学年末にＣＲＴの実施が望ましいわけです。

③　早めに用紙などの準備をしておきます。

実施が決定したら、早く注文し、用紙などがとどいたら、すぐに部数の確認などをして、万全を期することです。

④　実施の仕方に精通します。

事前に、手引に目を通し、先生の打合会を開いて、実施の仕方をよく理解しておきます。国語や英語に、聞き取りがあれば、事前に読む練習をよくしておきます。下位検査ごとに時間配分があれば、ストップウォッチを使用します。マークシートを用いる場合は、記入の仕方をよくわかるようにしておきます。

⑤　未習内容の取り扱い方に注意します。

NRTの場合は、それも考慮して尺度が作ってあるので、かまわず実施します。しかし、CRTの場合は、その部分は実施しなくてかまいません。あとで、そこをカットした修正尺度で対応するようにできています。

◆こぼれ話◆

聞き取り問題に注意

ある小学校でNRTを実施しました。K先生は、「学力検査は、知能検査と違って実施は簡単だから。」と安易な気持で、まず国語のテストの実施にのぞみました。用紙を配って、必要箇所に記入させ、「では、始め！」と合図しました。すると、A君が、さっと手をあげ、「先生、一番はよくわかりません。できません。」といいます。「よく読んで、考えてごらん。」「読んでも、できません。」「そんなことはないだろう。」と、用紙を手に取ってみると、一番には、「いま聞いた文について、次の問いに答えなさい」とあるではありませんか。実は、聞き取りの問題だったんです。あわてた先生は、読む文がどこにあるかわかりません。実施の手引の終わりのページにあったんですが、「みんなやめなさい。うしろから集めて。また別の時間にするから。」ということになったそうです。国語、英語には、聞き取りがあることがあるので、要注意ですね。

3 標準化学力検査の結果の表わし方

「NRTとCRTとでは、検査結果の表わし方は、違うんでしょうか。」

「NRTでは、学力偏差値が出せますが、CRTでは、ふつうは出せません。CRTで

教研中 学校 3 年 3 組 41 名 検査名 中P2年 実施 年 4 月

位

地域

学力向上バッテリー診断

知能力から期待される総合学力偏差値	新成就値	オーバー⊕アンダー⊖	アンダーアチーバー 知能低い	アンダーアチーバー 知能普通	アンダーアチーバー 知能高い	バランスドアチーバー 知能低い	バランスドアチーバー 知能普通	バランスドアチーバー 知能高い	オーバーアチーバー 知能低い	オーバーアチーバー 知能普通	オーバーアチーバー 知能高い	AAI 偏差値	AAI 5段階
51	6						*					41	2
54	-6							*				57	4
33	1					*						45	3
47	-1						*					45	3
47	0						*					64	4
37	2					*						52	3
51	2						*					56	4
51	-3						*					58	4
61	4							*				58	4
52	-9	-		*								55	4
49	-2						*					46	3
57	0							*				45	3
63	-3							*				64	4
47	9	+								*		48	3
48	-1						*					60	4
46	-11	-	*									51	3
57	5							*				62	4
57	1							*				37	2
53	-12	-		*								43	2
42	1					*						45	3
58	-5							*				41	2
49	-9	-		*								32	1
44	0					*						56	4
54	-1							*				53	3
49	4						*					57	4
53	-5						*					62	4
49	-4						*					53	3
												52	3
28	5					*						49	3
47	1						*					49	3
50	0						*					68	5
56	-6							*				56	4
47	-2						*					54	3
56	0							*				53	3
50	9	+								*		46	3
58	-6							*				65	5
43	2					*						49	3
51	0						*					46	3
54	-5							*				43	2
53	-2						*					52	3
52	-3						*					50	3
		人数	4			34			2			51.7	全体
		%	10			85			5			51.9	男
												51.4	女

人数

学級の分布グラフ

知能			
段階	偏差値	人数	%
5	65~	2	5
4	55~64	10	25
3	45~54	21	53
2	35~44	4	10
1	~34	3	8

国語			
段階	偏差値	人数	%
5	65~	1	2
4	55~64	12	29
3	45~54	21	51
2	35~44	5	12
1	~34	2	5

社会			
段階	偏差値	人数	%
5	65~	2	5
4	55~64	8	20
3	45~54	14	34
2	35~44	16	39
1	~34	1	2

算数・数学			
段階	偏差値	人数	%
5	65~	3	7
4	55~64	7	17
3	45~54	18	44
2	35~44	11	27
1	~34	2	5

理科			
段階	偏差値	人数	%
5	65~	5	13
4	55~64	5	13
3	45~54	19	48
2	35~44	9	23
1	~34	2	5

英語			
段階	偏差値	人数	%
5	65~	0	0
4	55~64	8	20
3	45~54	19	48
2	35~44	11	28
1	~34	2	5

新成就値			
段階	新成就値	人数	%
5	+11~	0	0
4	+4~+10	6	15
3	-3~+3	23	58
2	-10~-4	9	23
1	~-11	2	5

① 教研式 学力成績一覧表

東京

出席番号	氏名（＊印は女子）	知能 偏差値	知能 5段階	学力 国語 偏差値	国語 5段階	社会 偏差値	社会 5段階	算数・数学 偏差値	算数・数学 5段階	理科 偏差値	理科 5段階	英語 偏差値	英語 5段階	教科平均 偏差値	教科平均 5段階	順 学級	学年
1	赤木　三郎	52	3	51	3	57	4	61	4	58	4	59	4	57	4	6	37
2	井上　良夫	56	4	47	3	64	4	43	2	45	3	41	2	48	3	21	131
3	植田　真樹	26	1	31	1	36	2	36	2	37	2	32	1	34	1	39	245
4	江尻　毅	45	3	52	3	47	3	49	3	43	2	39	2	46	3	28	158
5	笠間　裕二	46	3	53	3	41	2	46	3	51	3	45	3	47	3	26	142
6	神田　正雄	31	1	42	2	38	2	39	2	38	2	40	2	39	2	37	223
7	北川　武彦	52	3	36	2	61	4	65	5	51	3	51	3	53	3	12	73
8	木原　浩司	51	3	50	3	47	3	44	2	45	3	53	3	48	3	22	133
9	桑田　健一	65	5	57	4	73	5	66	5	61	4	63	4	64	4	1	7
10	近藤　正和	53	3	48	3	42	2	37	2	42	2	44	2	43	2	34	197
11	坂本　良介	49	3	51	3	39	2	46	3	44	2	55	4	47	3	27	147
12	田中　敏男	60	4	53	3	62	4	54	3	55	4	60	4	57	4	7	41
13	鶴田　公一	68	5	55	4	54	3	66	5	73	5	50	3	60	4	3	25
14	中村　明	46	3	54	3	59	4	54	3	63	4	48	3	56	4	8	45
15	西川　信広	47	3	42	2	48	3	51	3	53	3	43	2	47	3	25	141
16	藤井　史郎	44	2	36	2	37	2	36	2	30	1	37	2	35	2	38	244
17	松田　賢次	60	4	66	5	62	4	53	3	73	5	57	4	62	4	2	14
18	三村　繁	60	4	56	4	72	5	56	4	70	5	38	2	58	4	5	31
19	森田　和夫	54	3	50	3	40	2	36	2	46	3	35	2	41	2	35	211
1	＊秋山　弥生	38	2	52	3	44	2	34	1	39	2	45	3	43	2	33	195
2	＊石川　裕美	61	4	57	4	47	3	55	4	52	3	56	4	53	3	10	69
3	＊石原真智子	48	3	41	2	36	2	39	2	39	2	45	3	40	2	36	219
4	＊岡本　友子	42	2	48	3	37	2	46	3	45	3	45	3	44	2	32	181
5	＊川井　直美	55	4	54	3	52	3	56	4	53	3	48	3	53	3	13	75
6	＊菊池　由里	49	3	59	4	50	3	52	3	48	3	57	4	53	3	11	70
7	＊岸　和江	54	3	50	3	40	2	48	3	52	3	48	3	48	3	23	139
8	＊工藤　珠絵	48	3	51	3	39	2	42	2	47	3	47	3	45	3	30	169
9	＊小西　京子			46	3	31	1	47	3					41	2		
10	＊斉藤　美恵	18	1	32	1	36	2	31	1	34	1	34	1	33	1	40	246
11	＊竹本　紀子	46	3	59	4	43	2	45	3	43	2	48	3	48	3	23	139
12	＊中村　明美	50	3	56	4	47	3	54	3	47	3	47	3	50	3	17	103
13	＊長島真理子	59	4	57	4	46	3	50	3	47	3	48	3	50	3	18	106
14	＊長原ひとみ	46	3	46	3	44	2	47	3	47	3	41	2	45	3	31	172
15	＊浜田　敏子	58	4	59	4	58	4	52	3	66	5	43	2	56	4	8	45
16	＊藤沢　美穂	50	3	59	4	60	4	57	4	68	5	50	3	59	4	4	29
17	＊堀口　智子	61	4	59	4	47	3	56	4	44	2	54	3	52	3	14	83
18	＊松本　恵子	40	2	48	3	53	3	37	2	51	3	38	2	45	3	29	166
19	＊松原かおる	51	3	56	4	46	3	52	3	51	3	51	3	51	3	16	94
20	＊三木　宏美	55	4	51	3	46	3	53	3	47	3	47	3	49	3	19	118
21	＊矢島　知子	54	3	52	3	41	2	55	4	48	3	61	4	51	3	15	92
22	＊吉村　美幸	53	3	51	3	50	3	42	2	56	4	45	3	49	3	19	118
	全体	50.0		50.6		48.1		48.5		50.1		47.2		48.8		41	249
	男	50.8		48.9		51.5		49.4		51.5		46.8		49.6		総	
	女	49.3		52.0		45.1		47.7		48.8		47.5		48.1			

研　中　学校　3　年　3　組　41　名　検査名　中Ｐ２年　数　学　実施　年　4　月

評定 全国基準（4）月								特定集団基準による相対評価				
第４部			第５部			総合		学級	学年		地域	
得点	正答率	5段階	得点	正答率	5段階	得点	正答率	順位	偏差値	順位	偏差値	順位
5	31					27	34					
7	47	4				39	49	4	65	20		
7	47	4				20	25	30	44	171		
6	40	3				13	16	37	36	229		
4	27	3				26	33	21	50	118		
3	20	3				23	29	25	47	147		
4	27	3				16	20	33	39	205		
8	53	4				43	54	3	69	7		
4	27	3				21	27	29	45	161		
7	47	4				44	56	1	70	4		
4	27	3				14	18	35	37	221		
2	13	2				23	29	25	47	65		
6	40	3				31	39	11	56	65		
7	47	4				44	56	1	70	4		
5	33	3				31	39	11	56	65		
6	40	3				28	35	19	53	100		
3	20	3				13	16	37	36	229		
7	47	4				30	38	14	55	77		
6	40	3				33	42	7	58	50		
3	20	3				12	15	39	35	233		
2	13	2				10	13	40	33	243		
6	40	3				32	41	9	57	56		
5	33	3				16	20	33	39	205		
6	40	3				23	29	25	47	147		
6	40	3				34	43	6	59	41		
5	33	3				29	37	16	54	87		
4	27	3				25	32	22	49	128		
4	27	3				19	24	31	43	178		
3	20	3				24	30	23	48	137		
4	27	3				7	9	41	29	247		
7	47	4				22	28	28	46	157		
4	27	3				31	39	11	56	65		
6	40	3				27	34	20	51	110		
6	40	3				24	30	23	48	137		
6	40	3				29	37	16	54	87		
6	40	3				35	44	5	60	35		
6	40	3				33	42	7	58	50		
3	20	3				14	18	35	37	221		
6	40	3				29	37	16	54	87		
4	27	3				30	38	14	55	77		
7	47	4				32	41	9	57	56		
5	33	3				19	24	31	43	178		
								41 (人数)	50 (平均)	249 (人数)	(平均)	(人数)

学力偏差値の分布

段階		偏差値	人数	%
5	10	70~	0	0
	9	65~69	3	7
4	8	60~64	1	2
	7	55~59	6	15
3	6	50~54	10	24
	5	45~49	8	20
2	4	40~44	4	10
	3	35~39	7	17
1	2	30~34	2	5
	1	~29	0	0

各部の内容・状況とプロフィール

		学級				全国	
	満点	得点平均	段階	正答率		得点平均	正答率
第1部 数と式	21	6.0	3	29		6.9	33
第2部 関数	18	6.0	2	33		7.0	39
第3部 図形	25	8.4	3	34		8.6	34
第4部 確率・統計	15	5.1	3	34		4.7	31
第5部							
計	79	25.6	3	32		27.2	34

（各部：低<……全国平均……>高）

…て特に…するもの

美穂
弥生
和夫
史郎
真樹

各部毎に指導を要するもの

第１部	第２部	第３部	第４部	第５部
×斉藤美恵 ×石原真知子 近藤正和	×吉村美幸 ×松本恵子 ×斉藤美恵 森田和夫 木原浩司	×斉藤美恵 森田和夫 植田真樹 ×秋山弥生	×秋山弥生 坂本良介	

② 教研式 学力の分析診断表

東京　　教

出席番号	氏名（*印は女子）	AX 偏差値	AX 5段階	教科成就値	学力偏差値の5・10段階評定 1		2		3		4		5		各部の得点・正答率・5段階 第1部 得点	正答率	5段階	第2部 得点	正答率	5段階	第3部 得点	正答率	5段階
					1	2	3	4	5	6	7	8	9	10	7	33		7	39		9	34	
1	赤木三郎	53	3	8								61			12	57	5	10	56	5	10	40	3
2	井上良夫	55	4	−12				43							2	10	1	6	33	2	5	20	2
3	植田真樹	32	1	4			36								3	14	1	2	11	1	2	8	1
4	江尻毅	46	2	3					49						7	33	3	8	44	4	7	28	2
5	笠間裕二	47	3	−1					46						5	24	2	3	17	1	12	48	4
6	神田正雄	37	1	2			39								3	14	1	4	22	1	5	20	4
7	北川武彦	51	3	14									65		11	52	5	11	61	5	13	52	5
8	木原浩司	51	3	−7				44							8	38	4	1	6	1	8	32	3
9	桑田健一	63	5	3									66		12	57	5	15	83	5	10	40	3
10	近藤正和	51	3	−14			37								1	5	1	4	22	1	5	20	2
11	坂本良介	49	3	−3					46						5	24	2	7	39	3	9	36	3
12	田中敏男	59	4	−5						54					6	29	3	10	56	5	9	36	3
13	鶴田公一	64	5	2									66		11	52	5	10	56	5	16	64	5
14	中村明	46	2	8						54					6	29	3	7	39	3	13	52	5
15	西川信広	48	3	3						51					9	43	4	6	33	2	7	28	2
16	藤井史郎	43	2	−7			36								3	14	1	3	17	1	4	16	1
17	松田賢次	59	4	−6						53					4	19	1	7	39	3	12	48	4
18	三村繁	56	4	0							56				4	19	1	11	61	5	12	48	4
19	森田和夫	52	3	−16			36								6	29	3	1	6	1	2	8	1
1	*秋山弥生	41	2	−7		34									2	10	1	3	17	1	3	12	1
2	*石川裕美	57	4	−2							55				7	33	8	8	44	4	11	44	4
3	*石原真智子	47	3	−8			39								1	5	1	5	28	2	5	20	2
4	*岡本友子	42	2	4					46						2	10	1	5	28	2	10	40	3
5	*川井直美	52	3	4							56				11	52	5	8	44	4	9	36	3
6	*菊池由里	48	3	4						52					8	38	4	5	28	2	11	44	4
7	*岸和江	53	3	−5					48						8	38	4	7	39	3	6	24	2
8	*工藤珠絵	50	3	−8				42							2	10	1	6	33	2	7	28	2
9	*小西京子								47						7	33	3	9	50	4	5	20	2
10	*斉藤美恵	27	1	4		31									1	5	1	1	6	1	1	4	1
11	*竹本紀子	48	3	−3					45						5	24	2	6	33	2	4	16	1
12	*中村明美	48	3	6						54					8	38	4	7	39	3	12	48	4
13	*長島真理子	55	4	−5						50					9	43	4	4	22	1	8	32	3
14	*長原ひとみ	45	2	2					47						4	19	1	3	17	1	11	44	4
15	*浜田敏子	57	4	−5						52					7	33	3	6	33	2	10	40	3
16	*藤沢美穂	49	3	8							57				7	33	3	8	44	4	14	56	5
17	*堀口智子	60	4	−4							56				5	24	2	9	50	4	13	52	5
18	*松本恵子	41	2	−4			37								5	24	2	1	6	1	5	20	2
19	*松原かおる	49	3	3						52					7	33	3	7	39	3	9	36	3
20	*三木宏美	52	3	1						53					8	38	4	8	44	4	10	40	3
21	*矢島和子	52	3	3							55				7	33	3	5	28	2	13	52	5
22	*吉村美幸	52	3	−10				42							5	24	2	1	6	1	8	32	3

学力偏差値の平均（M）と標準偏差（SD）

全体 41 名		男 19 名		女 22 名	
M	SD	M	SD	M	SD
48.5	8.8	49.4	10.1	47.7	7.4

学習効果のあがっているもの

桑田健一
鶴田公一
北川武彦
赤木三郎
*藤沢美穂

アンダー・アチーバー（教科成就値の低いもの）

森田和夫　−16
近藤正和　−14
井上良夫　−12
*吉村美幸　−10
*石原真智子　−8

全体とし… 指導を要す…

*斉藤
*秋山
森田
藤井
植田

は、達成度（実現の度合）が出せますが、ＮＲＴでは、ふつうは出せません。このように、ＮＲＴとＣＲＴでは、若干違うところがありますので、よく手引を見て確かめてください。」

ＮＲＴ、ＣＲＴでは、結果の表わし方が、少し違っていますが、それぞれ一部分を例で示しながら、説明してみましょう。

ＮＲＴの結果の表わし方

① 各教科の学力水準　学力偏差値と五段階評定（三段階評定）で表わしてあります。
② 各教科の学力構造　下位検査ごと（領域別）の学力水準と相互に比較しての優劣がわかるように、正答率、五段階評定（三段階評定）、プロフィールで表わしてあります。
③ その他　学年や学級での順位、一問ごとの正答数、正答率、誤答数、無答数なども示されています。

① 教研式CRT成績一覧表

東京都

出席番号	氏名（*印は女子）	国語 言語に関する知識・理解 満点25 正答率	達成状況	表現の能力（作文） 満点15 正答率	達成状況	理解の能力（読む） 満点15 正答率	達成状況	総合 満点55 正答率	達成状況	5段階評定 学級	表現の能力	理解の能力	書写	関心・態度
1	赤木　三郎	88	+	86	+	80	+	84	+	4	-	-	+	+
2	井上　良夫	72	0	66	0	26	-	54	-	2	-	-	-	-
3	植田　真樹	96	+	93	+	93	+	94	+	5	-	-	-	+
4	江尻　毅	48	-	26	-	33	-	35	-	1	-	-	-	-
5	笠間　裕二	84	+	60	0	93	+	79	+	3	+	-	-	0
6	神田　正雄	88	+	80	+	80	+	82	+	4	-	-	+	+
7	北川　武彦	44	-	46	-	66	0	52	-	2	-	-	-	-
8	木原　浩司	80	+	73	0	73	+	75	○	3	-	-	-	-
9	桑田　健一	72	0	73	0	66	0	70	○	3	-	-	-	+
10	近藤　正和	72	0	66	0	60	0	66	○	3	-	-	-	0
11	坂本　良介	84	+	80	+	53	0	72	○	3	-	-	-	+
12	田中　敏男	48	-	13	-	33	-	31	-	1	-	-	-	0
13	鶴田　公一	60	0	80	+	53	0	64	○	3	-	-	-	-
14	中村　明	56	-	40	-	53	0	49	-	2	-	-	-	0
15	西川　信広	68	0	53	-	53	0	58	○	2	-	-	-	+
16	藤井　史郎	40	-	53	-	46	-	46	-	1	-	-	-	0
17	松田　賢次	56	-	93	+	46	-	65	○	3	-	+	-	+
18	*秋山　弥生	96	+	80	+	73	+	83	+	4	-	-	-	+
19	*石川　裕美	68	0	53	-	60	0	60	○	2	-	+	-	0
20	*石原　真智子	96	+	100	+	100	+	98	+	5	-	-	-	+
21	*岡本　友子	56	-	46	-	73	+	58	○	2	-	+	-	0
22	*川井　直美	64	0	80	+	86	+	76	+	3	+	+	-	+
23	*菊池　由里	68	0	66	0	60	0	64	○	3	-	-	+	-
24	*岸　和江	88	+	80	+	80	+	82	+	4	-	-	-	+
25	*工藤　珠絵	80	+	66	0	80	+	75	○	3	-	-	-	+
26	*小西　京子	96	+	80	+	100	+	92	+	4	+	-	-	+
27	*斉藤　美恵	56	-	66	0	73	+	65	○	3	+	-	-	0
28	*竹本　紀子	100	+	100	+	100	+	100	+	5	-	-	-	+
29	*中村　明美	64	0	53	-	73	+	63	○	2	-	-	-	+
30	*長島　真理子	92	+	73	0	73	+	79	+	3	-	-	-	+
31	*長原　ひとみ	84	+	100	+	100	+	94	+	5	-	-	-	+
32	*浜田　敏子	84	+	93	+	66	0	81	+	3	-	-	-	+
33	*藤沢　美穂	88	+	66	0	93	+	82	+	4	-	-	-	+
34	*堀口　智子	76	0	80	+	93	+	83	+	4	-	-	-	+
35	*松本　恵子	96	+	80	+	80	+	85	+	4	+	-	-	0
36	*松原　かおる	84	+	86	+	100	+	90	+	4	-	-	-	+
平均正答率	学級 男	68.0		63.5		59.2		63.6						
	学級 女	80.8		76.2		82.2		79.7						
	学級 全体	74.7		70.2		71.3		72.1						
	学年 男	70.9		67.4		62.6		66.9						
	学年 女	79.7		80.1		75.4		78.4						
	学年 全体	75.4		74.0		69.2		72.9						
	全国	70.5		75.4		71.1		72.0						

出席番号	氏名（*印は女子）	社会 知識・理解 満点18 正答率	達成状況	観察・資料活用の能力 満点19 正答率	達成状況	社会的思考・判断 満点17 正答率	達成状況	総合 満点54 正答率	達成状況	5段階評定 学級	関心・態度	算数 知識・理解 満点21 正答率	達成状況	技能 満点21 正答率	達成状況
1	赤木　三郎	88	+	94	+	94	+	92	+	5	+	85	+	85	+
2	井上　良夫	55	-	73	+	82	+	70	○	3	0	71	0	85	+
3	植田　真樹	61	0	78	+	94	+	77	+	3	+	95	+	85	+
4	江尻　毅	55	-	63	0	64	0	60	○	2	0	42	-	57	-
5	笠間　裕二	77	0	84	+	88	+	83	+	3	+	76	0	76	0
6	神田　正雄	83	+	63	0	94	+	80	+	3	+	80	+	71	0
7	北川　武彦	44	-	52	0	70	+	55	○	1	0	66	0	19	-
8	木原　浩司	50	-	78	+	58	0	62	○	2	+	95	+	71	0
9	桑田　健一	100	+	94	+	94	+	96	+	5	+	85	+	71	0
10	近藤　正和	61	0	73	+	76	+	70	○	3	0	71	0	57	-
11	坂本　良介	72	0	42	-	82	+	65	○	2	+	57	-	76	0
12	田中　敏男	55	-	52	0	35	-	47	-	1	+	33	-	28	-
13	鶴田　公一	66	0	78	+	88	+	77	+	3	+	52	-	47	-
14	中村　明	83	+	63	0	88	+	78	+	3	0	57	-	52	-
15	西川　信広	72	0	84	+	58	0	71	○	3	+	85	+	42	-
16	藤井　史郎	66	0	78	+	100	+	81	+	3	+	61	0	61	0
17	松田　賢次	50	-	26	-	70	+	48	-	1	+	80	+	85	+
18	*秋山　弥生	83	+	73	+	94	+	83	+	3	+	85	+	66	0
19	*石川　裕美	77	0	68	0	64	0	69	○	2	+	85	+	66	0
20	*石原　真智子	94	+	94	+	94	+	94	+	5	+	100	+	100	+
21	*岡本　友子	61	0	78	+	76	+	71	○	3	+	61	0	61	0
22	*川井　直美	72	0	84	+	94	+	83	+	3	+	80	+	42	-
23	*菊池　由里	77	0	68	0	70	+	71	○	3	0	57	-	71	0
24	*岸　和江	94	+	89	+	100	+	94	+	5	+	66	0	66	0
25	*工藤　珠絵	72	0	31	-	88	+	63	○	2	+	80	+	66	0
26	*小西　京子	94	+	84	+	94	+	90	+	4	0	76	0	90	+
27	*斉藤　美恵	61	0	73	+	70	+	68	○	2	0	52	-	23	-
28	*竹本　紀子	94	+	78	+	88	+	86	+	4	+	90	+	95	+
29	*中村　明美	55	-	73	+	64	0	64	○	2	0	47	-	71	0
30	*長島　真理子	77	0	100	+	82	+	86	+	4	+	90	+	100	+
31	*長原　ひとみ	94	+	84	+	94	+	90	+	4	0	100	+	85	+
32	*浜田　敏子	83	+	78	+	64	0	75	+	3	+	85	+	90	+
33	*藤沢　美穂	88	+	84	+	94	+	88	+	4	+	90	+	57	-
34	*堀口　智子	88	+	78	+	94	+	86	+	4	+	90	+	71	0
35	*松本　恵子	94	+	84	+	100	+	92	+	5	+	76	0	85	+
36	*松原　かおる	83	+	100	+	94	+	92	+	5	+	100	+	80	+
平均正答率	学級 男	66.9		69.1		78.5		71.5				70.0		62.8	
	学級 女	81.1		79.0		85.1		81.7				79.4		72.8	
	学級 全体	74.4		74.3		82.0		76.9				75.0		68.1	
	学年 男	73.6		72.3		75.0		73.6				77.4		70.8	
	学年 女	80.5		78.1		81.9		80.2				82.5		74.2	
	学年 全体	77.2		75.3		78.6		77.0				80.1		72.5	
	全国	75.5		74.4		77.6		75.5				70.8		67.7	

→家庭用

あなたの学力診断

4年　1組　11番　坂本 良介

教科	学習の内容	得点 (10 20 30 40 50 60 70 80 90)	診断コメント
国語	総合（下の3内容の平均）	72点 おおむねよい	○総合……得点のグラフにあるように、全体としておおむね良い成績です。さらにあなたは、国語への興味・関心も高いのでたいへん結構です。この調子でがんばっていきましょう。まだまだ伸びますよ。 ◎よかったところは「漢字の読み・書き」「中心点や組み立てを考え書くこと」などです。よくできてます。より高い目標を持とう。 ⇨勉強してほしいところは「説明文の内容の読み取り」「送りがなの書き方」などです。もう一度よく復習しておいてくださいね。 ➡とくに勉強してほしいところは「敬語の正しいつかいかた」「説明文の要点や要旨の読み取り」「説明文を叙述に即して読むこと」です。 ♡国語の勉強についてもう少し努力してほしいですね。本を読んで感じたことや考えたことを文にまとめてみましょう。国語の力がつきます。
	国語の基礎となる文字やことばのきまりについて知識を身につけること。	84点 よい	
	書こうとする内容や考えを文章にきちんと表現すること。	80点 よい	
	文を正しく読み、文の内容をきちんと理解すること。	53点 おおむねよい	
社会	総合（下の3内容の平均）	65点 おおむねよい	○総合……あなたは、全体としてみると大体良い成績なのですが、左のグラフには「よい」と「がんばろう」とがありますね。「がんばろう」のところはなぜひくかったんだろう。社会に興味があるんだから、がんばろうね。 ◎よかったところは「各地域の開発」「安全なくらしを守るためのもの」などです。立派！勉強はたえまない努力の連続だ。 ⇨勉強してほしいところは「各地域の地形や気候の特色」「健康なくらしを守るためのもの」などです。やればできます。がんばろうね。 ➡とくに勉強してほしいところは「高地のくらし」「上水道や下水道のしせつの特色」「ごみ集めのくふうとごみのしょり」です。 ♡自分の住んでいる市や町や村のようす、はたらいている人たちのしごとやくふうしているようすなど、よくみてきちんとせいりしておきましょう。
	社会のできごとがわかるために、必要な知識をきちんと身につけること。	72点 おおむねよい	
	社会のできごとについて観察したり、資料を使って正しくよみとること。	42点 がんばろう	
	社会のできごとの原因や結果について深く考えること。	82点 よい	
算数・数学	総合（下の3内容の平均）	53点 がんばろう	▼総合……あなたは、算数の学習に興味を持っていることはとても良いことです。左のグラフで「がんばろう」のところを見て、ここを努力目標にしましょう。基礎になる力をしっかりつけていくことが大切です。 ◎よかったところは「数量の変わりかたを調べること」「数量の関係を式に表すこと」などです。君の努力に最敬礼！これからもしっかり。 ⇨勉強してほしいところは「がい数」「角の大きさ」などです。わからない所を友達に聞くのも大事です。 ➡とくに勉強してほしいところは「小数や分数を使う文章問題」「面積の意味と表し方」「四捨五入」です。 ♡数字を書きならべたり、いろいろな図形を書いたりすると、おもしろいことがわかることがあります。今よりもノートを使うようにしましょうね。
	数や計算の意味、量の測定、図形の性質などについて知識を身につける。	57点 がんばろう	
	計算、量の測定、面積や体積を求めたり、図形をかくこと。	76点 おおむねよい	
	ものごとを数学的にとらえ、すじみちをたてて考えること。	26点 がんばろう	
理科	総合（下の3内容の平均）	71点 おおむねよい	○総合……全体としては良い成績ですが、あなたの力をもう一歩伸ばすには、理科の学習にもっともっと興味をもって取り組むことです。興味を持つことはこれからずうっと勉強を進めていく上にとても大切なことです。 ◎よかったところは「コン虫の成長のようす」「植物の成長とでんぷん」などです。りっぱです。でもウヌボレはだめですよ。 ⇨勉強してほしいところは「水や空気の温度と体積」「水溶液の特徴」などです。そのうちにわかるよ。努力を続けよう。 ➡とくに勉強してほしいところは「コン虫の成長する順序」「ものが水に溶けたときのようす」「温度による水や空気の体積変化」です。 ♡こまかにかんさつしたり、正しくじっけんしたり、考えることは理科の勉強の基本です。教科書をひろげ、きちんと復習しておきましょうね。
	自然のものごとやできごとがわかるために必要な知識を身につけること。	60点 おおむねよい	
	観察や実験について、いろいろくふうしてできるようにすること。	81点 よい	
	自然のものごとやできごとのしくみやきまりについて深く考えること。	73点 よい	
英語	総合（下の4内容の平均）		

この表は、今回の教研式CRTの結果をもとに作成したものです。何かご質問があれば、担任の先生にご相談して下さい。

③ 教研式 CRT 個人票

教師用←

教　研 小　学校	4年　1組　11番 坂本　良介	実施	年 2月

教科	観　点	得点 満点	達成状況 正答率(達成率)	学級順位 学年順位	診断コメント	5段階評定
国語	1 言語に関する知識・理解	21 25	+ 84	12 42	○総合……国語への関心・態度は高く、おおむね良い達成状況です。特に◎の観点は良い成績です。○の観点の成績向上が目標です。 ◎言語に関する知識・理解……大変よくできています。しかし、「国語辞典のことばの配列」と「送りがなの正しいつけかた」がよくできていません。 ◎表現の能力（作文）……大変よい達成状況となっています。しかし、「敬語の正しいつかいかた」と「組み立てや段落を考えて書くこと」がよくできていません。 ○理解の能力（読む）……「おおむね達成」はしています。しかし、「説明文の要点や要旨の読み取り」と「説明文を叙述に即して読むこと」がよくできていません。	学級 3
	2 表現の能力（作文）	12 15	+ 80	9 36		
	3 理解の能力（読む）	8 15	0 53	28 81		
	総　合	41 55	0 72	20 63		
	関心・態度	9 10	+ 90	36 人中 106 人中		
社会	1 知識・理解	13 18	0 72	20 68	○総合……社会への「関心・態度」は高いのですが、観点によって成績のムラがあります。下の◎▼の観点に注目して下さい。 ○知識・理解……まずまずの達成状況です。しかし、「地域社会のはたらき」と「上水道や下水道のしせつの特色」がよくできていません。 ▼観察・資料活用の能力……学習したことがあまり身についていません。特に、「上水道や下水道のしせつの特色」がよくできていません。「むかしの人びとの地域の開発」はよくできています。 ◎社会的思考・判断……全体的によくできていますが、「ごみ集めのくふうとごみのしょり」と「上水道や下水道のしせつの特色」がよくできていません。	学級 2
	2 観察・資料活用の能力	8 19	- 42	34 101		
	3 社会的思考・判断	14 17	+ 82	21 52		
	総　合	35 54	0 65	29 82		
	関心・態度	8 10	+ 80	36 人中 106 人中		
算数・数学	1 知識・理解	12 21	- 57	29 92	▼総合……低い達成状況です。算数への興味・関心は十分にあるので、できるところから着実に学力を身につけるよう指導して下さい。 ▼知識・理解……基礎的事項が身についていないようです。とくに、「面積や角の大きさを調べること」がよくできていません。「ひし形の意味と性質」はよくできています。 ○技能……「おおむね達成」と判定されます。しかし、「整数のわり算」と「四捨五入」がよくできていません。 ▼数学的な考え方……学力の定着が不十分です。とくに、「面積や角の大きさを調べること」がよくできていません。「公式を使うこと」はよくできています。	学級 2
	2 技能	16 21	0 76	13 51		
	3 数学的な考え方	4 15	- 26	30 91		
	総　合	32 57	- 53	28 88		
	関心・態度	8 10	+ 80	36 人中 106 人中		
理科	1 知識・理解	12 20	0 60	30 95	○総合……全般的な指導の目標は「関心・態度」の向上です。良くできている観点もあります。下の○の観点の学力を充実させて下さい。 ○知識・理解……十分とはいえませんがおおむね達成です。しかし、「水溶液の特徴」と「太陽と月の動き」がよくできていません。 ◎観察・実験の技能……大変よくできていますが、細かく見てみると、「コン虫の成長のようす」と「温度による水や空気の体積変化」がよくできていません。 ◎科学的思考……多くの問題ができていて、十分達成していますが、「ものが水に溶けたときのようす」と「水の温度と水の溶けるものの量」がよくできていません。	学級 3
	2 観察・実験の技能	13 16	+ 81	8 14		
	3 科学的思考	11 15	+ 73	20 57		
	総　合	36 51	0 71	25 78		
	関心・態度	4 10	- 40	36 人中 106 人中		
英語	1					
	2					
	3					
	4					
	総　合					
	関心・態度			人中 人中		

「関心・態度」の欄は、児童・生徒の自己診断による部分で、総合の資料からは除いてあります。

⑦ 教研式 CRT　診断的S－P表

東京都　0
教　研

第 1 部

知識・理解

出席番号	氏名(＊印は女子)	1	2	3	4	5	6	7	8	9	10	11	12	13	14	15	16	17	18	19	20	21	正答率	注意係数	解釈
	大問	6	6	2	6	1	7	5	1	3	7	8	2	4	4	5	5	3	8	3	1	2			
	中問	1	3	1	2	1	1	1	2	3	2	1	2	2	1	2	2	1	2	2	3	3			
	小問															1	2								
	小問内容	分数の大小	小数の大小	小数表記のしくみ	分数の大小	大きな数の位取り	垂直な直線	数直線・真分数	大きな数の位取り	一直角の角度	平行な直線	ひし形の定義	小数表記のしくみ	数直線・小数	数直線・大きな数	数直線・仮分数	数直線・帯分数	面積の単位・m²とcm²	平行四辺形の定義	面積の単位・km²とm²	百分の一の数	小数表記のしくみ			
20	＊石原 真智子	○	○	○	○	○	○	○	○	○	○	○	○	○	○	○	○	○	○	○	○	○	100	0.00	a
31	＊長原 ひとみ	○	○	○	○	○	○	○	○	○	○	○	○	○	○	○	○	○	○	○	○	○	100	0.00	a
36	＊松原 かおる	○	○	○	○	○	○	○	○	○	○	○	○	○	○	○	○	○	○	○	○	○	100	0.00	a
3	植田 真樹	○	○	○	○	○	○	○	○	○	○	○	○	○	×	○	○	○	○	○	○	○	95	0.59	d
8	木原 浩司	○	○	○	○	○	○	○	○	○	○	○	○	○	○	○	○	○	○	○	○	×	95	0.00	a
28	＊竹本 紀子	○	○	○	○	○	○	○	○	○	○	○	○	○	○	○	○	○	○	○	×	×	90	0.00	a
30	＊長島 真理子	○	○	○	○	○	○	○	○	○	○	○	○	○	×	○	○	○	○	○	○	×	90	0.27	a
33	＊藤沢 美穂	○	○	○	○	○	○	○	×	○	○	○	○	×	○	○	○	○	○	○	○	○	90	0.69	d
34	＊堀口 智子	○	○	○	○	○	○	○	○	○	○	○	○	○	○	○	○	○	○	×	○	×	90	0.06	a
1	赤木 三郎	○	○	○	○	○	○	○	○	○	○	○	○	○	○	×	○	×	○	×	○	○	85	0.31	a
9	桑田 健一	×	○	○	○	○	○	○	○	○	○	○	○	○	○	○	○	○	×	○	○	×	85	0.38	a
15	西川 信広	○		○	○	○	○	○	○	○	○	○	○	○	○	○	○	○	×	○	×	○	85	0.40	a
18	＊秋山 弥生	○	○	○	○	○	×	○	○	○	○	○	○	○	○	○	○	○	○	○	×	×	85	0.25	a
19	＊石川 裕美	○	○	○	○	○	○	○	○	○	○	○	○	○	○	○	○	○	×	○	×	×	85	0.03	a
32	＊浜田 敏子	○	○	○	○	○	○	○	×	○	○	○	○	○	○	○	○	○	×	○		○	85	0.31	a
6	神田 正雄	○	○	○	○	×	○	○	○	○	○	○	○	×	×	○	○	○	×	○	○	○	80	0.56	d
17	松田 賢次	○	○	○	○	○	○	○	○	○	○	○	○	○	×	○	○	×	○	×	×	○	80	0.18	a
22	＊川井 直美	○	○	○	○	○	○	○	○	○	○	○	○	○	×	○	○	○	○	×		×	80	0.09	a
25	＊工藤 珠絵	○	○	○	○	○	○	○	○	○	○	○	×	○	○	○	○	○	×	○	×	×	80	0.16	a
5	笠間 裕二	○	○	○	○	○	○	○	○	○	○	○	×	×	○	○	×	○	×	○	×	○	76	0.36	b
26	＊小西 京子	○	○	×	×	○	○	○	○	○	○	○	○	○	×	○	○	○	○	×	○	×	76	0.46	b
35	＊松本 恵子	○	○	○	○	○	○	○	○	○	○	○	○	×	○	○	○	×	○	×		×	76	0.09	b
2	井上 良夫	○	○	○	○	○	○	○	○	○	○	○	○	×	×	○	○	×	×	○		×	71	0.10	b
10	近藤 正和	○	○	○	○	○	○	○	○	○	○	○	○	○	○	×	×	×	×	×	×	○	71	0.13	b
7	北川 武彦	○	○	○	○	○	○	○	×	○	○	○	○	○	○	×	×	×	○	×	×	×	66	0.11	b
24	＊岸 和江	○	○	○	○	○	○	○	○	○	○	○	○	×	○	×	×	○	×	×	×	×	66	0.07	b
16	藤井 史郎	○	○	○	○	○	○	○	○		○	×	○	○	×	○	○		×		×	×	61	0.07	b
21	＊岡本 友子	○	○	○	○	○	○	○	×	×	○	○	×	○	○	○	○	×	×	×	×	×	61	0.10	b
11	坂本 良介	○	○	×	○	×	○	○	×	×	×	○	×	○	○	○	○	×	○	×	○	×	57	0.45	c
14	中村 明	○	○	○	○	○		○	○				○	○	○	○	○				×		57	0.16	c
23	＊菊池 由里	○	○	○	○	○	○	×	○	○	○	○	×	○	○	×	×	×	×	×		×	57	0.06	c
13	鶴田 公一	○	○	○	×	×	○	×	×	○	×	○	○	○	○	×	×	×	×	×	○	○	52	0.45	c
27	＊斉藤 美恵	○	○	○	○	○	○	×	○	○	○	×	×	×	○	×	×	×	○	×	×	×	52	0.14	c
29	＊中村 明美	○	○	○	○	○	×	×	○	×	×	×	○	○	○	×	×	×	○	×	×	×	47	0.20	c
4	江尻 毅	○	○	○	○	○	○	○	○	○	×	×	×	×	×	×	×	×	×	×	×	×	42	0.00	c
12	田中 敏男	○	○	○	○	○	×	×	○	×	×	×	○	×	×	×	×	×	×	×	×	×	33	0.04	c
	正答人数	35	35	34	34	33	32	31	30	30	30	30	29	27	26	26	26	20	19	17	14	13			
	通過率(＊＊印は100%) 学級	97	97	94	94	92	89	86	83	83	83	83	81	75	72	72	72	56	53	47	39	36			
	通過率 学年	95	94	91	93	96	90	92	84	89	86	81	84	80	80	82	83	68	57	60	57	50			
	誤答人数	1		2	2	3	3	5	6	4	5	5	7	9	10	10	10	14	16	17	17	22			
	無答人数		1				1			2	1	1						2	1	2	5	1			

解釈		
注意係数 安定群	注意係数 要注意群	学力
a	d	＋
b	e	○
c	f	－

「|」…S曲線　「…」…P曲線を示します

これらを、学級として、また個人としてみれるようにしてあるとともに、指導のために、学級としての特徴や指導の仕方、個人としての特徴や指導の仕方なども示されています。

CRTの結果の表わし方

① 各教科の学力水準　総合した正答率で表わされています。

② 各観点の実現の状況　三段階評定と正答率（達成率）、プロフィールで表わされています。

③ その他　学年・学級内での位置の五段階評定（三段階評定）、一問ごとの正答数、正答率、誤答数、無答数などが示されています。

これらを、学級や個人として見やすくまとめてあるとともに、前ページのように、S―P表などを付して、それらの診断や指導の仕方が、くわしく述べられています。

4　標準化学力検査の結果の生かし方

「標準化学力検査を、せっかく実施しても、結果を十分活用されない先生がおられると聞きますが。」

「たしかに十分活用されていない先生もおられるようですが、しかし、十分活用されている先生もたくさんおられます。要は、子どものために役立つものは、何でも活用しようという姿勢の問題だと思います。」

活用のいろいろ

標準化学力検査の結果は、先生によって、ずいぶんいろいろな活用の仕方をされています。次にあげてみますので、参考にして、まず一つでもやってみてください。

① ある中学校の先生は、検査結果について、子どもたちと個別に話し合います。よ

くできているところ、できていないところ、その間の学習態度や努力などについて自己理解させ、これからどうしたらよいかを相談するためです。時間はかかるけど、本人も自覚し、納得して努力するので、成果は上々とのことです。

②　ある小学校の先生は、学年末にＣＲＴを実施して、通信簿や指導要録の記入の参考にしています。自分だけの資料では、正しく行えているか、不足していないかという不安があります。信頼性、妥当性が確かめてある標準化学力検査の結果と比較して、結果を正したい、正しく行うようになりたいということです。

③　ある小学校では、学力偏差値、プロフィール、一問ごとの正答率などによって、学校、学級、個人について、学力水準、学力構造について検討して、カリキュラムや指導法の反省と改善、各個人の今後の指導の仕方を考えるようにしています。やはり、年一回は、このような機会があるとよいようです。

④　ある中学校では、ＮＲＴを知能検査といっしょに実施して、能力が発揮できているかどうかを検討して、能力を発揮するための手だてを考えたり、また、学業不振児を発見して、その個別指導に取りくんだりしています。一人ずつ、学業不振児が

いなくなっていくのは、たいへんうれしいし、また学級への影響もよいと、ずっと続けていくということです。

これらは、活用例のほんの一部分で、この他にも、次（参考資料）に示すようないろいろな活用の仕方があります。子どもたちがよくなることは確実なので、参考にして、活用してほしいものです。

なお、活用のためには、検査結果は必ず記録して、保存しておく必要があります。指導要録の「指導上参考となる諸事項」の欄や、「指導に関する記録」のその他の関係の深い各欄に、必ず記入してください。しかし、スペースが小さいので、全部を記入するのは無理だと思います。補助簿などを用意して、記入しておいてほしいものです。

＜参 考 資 料＞

標準化学力検査の結果活用法いろいろ

教育熱心、研究熱心な先生方は、次に示すように、工夫を重ねて、いろいろな活用法を考えだされ、実際に行っておられます。子どもを伸ばすために、この中の一つでも、二つでも、まず行ってみることです。

①　先生の手もとで

・基礎・基本の徹底の確認と指導のし直しの資料に
・指導要録記入の客観的資料に、特に評定を正すために
・学年末の通信簿記入の資料に
・学業不振児を診断し、適切な指導の手だてを考えるために
・学習グループ編成・学級編成に
・先生が設定した目標の適切さのチェックに
・指導効果の判定と指導法の反省・改善に
・個人・学級の学力の現状の確認と、指導の重点目標の設定に
・研究のための基礎資料に
・自校の実態を全国的傾向に対比して分析するために
・学校経営、学年経営、学級経営の基礎資料に

②　先生から子どもへ向けて

・教育相談や面接の資料に、特に学習障害の指導のために
・学習成果の長短や努力目標を具体的に自己理解させるために
・児童ひとりひとりの必要に応じた学習の仕方を指導するために
・適切にほめたりはげましたりするポイントをつかむために

③　先生から父母へ向けて

・父母会や家庭訪問の資料に

④
・学校だより、学年通信、学級だよりの資料に
・個別面談の資料に
・父母が負担している教育費の必要性の認識を深めるために
学校から社会へ向けて
・学校が教育責任を果たしていることの証拠資料に
・教育予算の増加や重点化を行政面に働きかける根拠に

第8章　性格検査、その他の検査の生かし方

1　性格検査とその生かし方

「性格検査にも、いろいろあると思いますが、教育相談など、特別な興味のある先生ではなく、ごくふつうの先生が知っておいたほうがいいのは、どんな検査でしょう。」

「性格検査は、方法によって、質問紙法を用いる検査、作業を用いる検査、投影法を用いる検査に、分けられます。ふつう、すべての子どもに実施する可能性があるのは、まず質問紙法を用いる検査、次いで作業を用いる検査なので、これらができるようになるのがいいと思います。」

質問紙法による検査

自己診断形式と他人診断形式に分類できます。

(1)　自己診断形式

例えば、「ちょっとしたことでも、いつまでも気にするほうですか。ア　とても気にする。イ　いくらか気にする。ウ　気にしない。」というような質問に対して、子ども自身が自分の状態にあたるものを選んで回答する形式です。

性格検査の中では、数がもっとも多く、内向性・外向性を測る向性検査、自主性・積極性などの性格特性について測る狭い意味での性格検査、環境への適応状態を測る適応性検査、道徳的判断・心情などを測る道徳性検査など、が主たるものですが、他にも、親子関係検査、欲求検査、態度検査、興味検査、不安検査、社会性発達検査などもあります。

(2)　他人診断形式

例えば、「いつもほがらかで、人に明るい感じを与え、失敗したことを、いつまでもくよくよなどしない人はだれでしょう」といったような質問に対して、あてはまる人を同級生の中から選んで、名前を記入するといったような形式です。

これは、ゲス・フー・テストを例にしたものですが、このように、子どもがおたがいによく知っているということを利用する形式です。自分のことではなく、他人について記入するわけです。

(3) 結果の表わし方

指数、偏差値、パーセンタイル、プロフィール、評定段階など、で表わされます。

(4) 結果の生かし方

それぞれの子どもの性格の理解と指導、指導要録の「行動の記録」の各欄に記入するための補助資料、性格に問題のある子どもの発見・診断・指導、などに活用されています。

なお、活用にあたっては、次の点に留意してください。

① 記入された内容は他人にもらさない。

② 問題児などとレッテルをはらない。

③ 必ず指導に生かす。

また、記入する時、子どもたちは、あるべき姿や不正直な回答をしがちなので、あるがままに、素直に記入するように指示する必要があります。

作業による検査

(1)　種類

連続して一行一分間の加算作業を、途中休んで、また行うクレペリン検査が、現在、用いられている唯一のものといっていいでしょう。

(2)　結果の解釈

毎分の作業量で曲線を描き、健康者がふつう示す曲線と比較して、定型、準定型、非定型などと判定するのが中心です。これに、作業量・脱落・誤りなどについての判定も加えます。判定には、かなりの熟練が必要なので、専門家の力を借りるほうが安全です。

(3)　結果の活用

精神的な健康の程度を理解したり、事故を起こしやすい子どもを発見したりなど、に用いられています。かぎられた面だけを測っていますので、他の性格検査と合わせて用いることがたいせつです。実施は、時間を厳密に測る必要がありますので、必ずストップウォッチを使用してください。

投影法による検査

代表的なものとしては、次に示すようなものがあります。

（1）ロール・シャッハ・テスト

左右対象なインクの汚れのような刺激に意味をつけさせます。

（2）ＴＡＴ

あいまいな絵を現在として過去から未来にわたる物語を作らせます。

（3）ＣＡＴ

ＴＡＴの子ども版で、それを動物の絵によって行わせます。

（4）ＰＦスタディ

欲求不満の場面を絵で示して反応させます。

（5）ＳＣＴ

不完全な文章を完成させます。

（6）ＣＰＴ

五段のピラミッド型台紙の上に、色彩チップを配列させます。

いずれも、あいまいな材料に対して、各自がどう受け止め、どう反応するかを分析して、欲求、行動傾向、葛藤の解決様式など、人格の特質を、意識的・無意識的な水準でとらえようとするものです。

それだけに、相当な練習と経験を必要とするので、軽々しく用いないことです。まずはすべての子どもに用いられる質問紙法を使いこなし、次いでクレペリン検査、なお、ゆとりと関心があれば、投影法もやってみるというように、考えてほしいものです。

◆こぼれ話◆

性格検査は思った通りに書かせる

ある中学校で、性格検査を実施しました。始めてしばらくしてから、A君が手をあげました。「先生、高い所にあがったら、自分から飛び降りるんではないかと思うことがありますか、というのはまちがいではないですか。」「うん、おかしいね。」「落ちるんではないかと思うことはありますから、そう直して、答えていいですか。」「そうだな。みんなもそうしなさい。」

実は、この問題は、異常傾向を調べる問題だったんです。この学級が、他の学級よりも異常傾向が高いとなってしまったことはいうまでもありません。
先生は、「そのままで、思った通りに書けばいいんだよ。」というべきだったんですね。

2　その他の検査とその生かし方

「職業適性検査、ソシオメトリック・テストなど、まだまだ説明されていない検査があるようですが。」
「教育・心理検査は、ふつう知能、学力、性格、適性と分類されています。また、適性検査の説明をしていませんが、それ以外にも、ソシオトリック・テスト、学習適応性検査など、広く用いられているものがあります。残っているものを、できるだけ説明してみることにしましょう。」

(1)　創造性検査

子どもたちの新しいものを考え出す力、新しいものをつくり出す力を測定する検査です。

日本の子どもたちは、知識の量は多いが、考える力が弱いといわれています。創造性の教育が必要と説かれるゆえんですが、その教育への手がかりをうるためにも、その成果を確認するためにも、貴重な検査ということです。

(2)　学習適応性検査

子どもたちが、学習場面へうまく適応しているかどうかを、測定する検査です。ふつう、学習態度、学習技術、学習環境、精神・身体の健康などの要因について測定されます。

知能に応じた学力があげられないのは、これらの要因に問題があるからです。この検査によって、問題のある要因を発見し、改善して、すべての子どもに、知能に応じて学力を伸ばすようにしてやりたいものです。

(3)　職業適性検査

多数の職業の中から、各人に適した職業を発見しようとする一般職業適性検査と、特定の職業に適した人を発見するための特殊適性検査とがあります。

また、これらの能力面とあわせて用いるために、進路についての意識、興味、志望などを調べる検査もあります。進路指導の資料として活用することです。

(4) ソシオメトリック・テスト

「このクラスの中で、並んで勉強したい人はだれか、反対に並んで勉強したくない人はだれか。」といったような質問で、記名させます。そうすると、並びたい人(選択)、並びたくない人(排斥)、いずれにも指名しない人(無関心)に、クラスの子どもたちとの関係が分類できます。

このような、子どもたちの人間関係を集計すると、それぞれの子どもたちについて、みんなから並びたいといわれているとか、だれも並びたがらない、といったように、クラスの中での社会的地位がわかります。また、どの子どもを中心にグループができているといったように、クラスの集団構造がわかります。

これらによって、それぞれの子どもについて、社会的地位が理解できるとともに、うまくいっていない子どもたちをクラスへとけこませる手がかりをうることができます。また、集団構造が理解できるとともに、学級経営のための資料をうることができます。

(5)　安全検査

学校生活全般の安全についての能力、態度、性格を測ろうとする検査や、中でも特に交通安全について、知識・理解、習性・行動、性格を測ろうとする検査などがあります。安全指導を効果的に計画し、実施するために役立てます。

(6)　自己教育力検査

「学習」「性格」「生活」の三領域で「自己教育力」の構成要素として重要と思われる、それぞれ3～4の特性を見る下位検査から構成された検査です。自分の学級の子どもたちに欠けている面を知り、それを改めるための指導をするために、役立てたいものです。

(7)　スポーツ・テスト

体力としては、反復横とび、垂直とび、背筋力、握力、伏臥上体そらし、立位体前屈、踏台昇降運動などを測定し、運動能力としては、50m走、走り幅とび、ハンドボール投げ、懸垂、持久走などを測定する検査です。体力、運動能力の診断、トレーニング方法、

積極性・消極性の判定

（N）タイプ

（　消 極　）型

自発性欠如。不活発。服従的。

う適応状況の判定

3次（　）第4次（　）第5次（　）

不適応・個人不適応　　　　　　）

きておらず、衝動的傾向が強くみられ、情
の欲求がコントロールできない。

の判定（＊＊＊…典型，＊＊…準型）

行　動　特　徴
自分勝手。人間不信。敵意をもつ。加虐性。衝動的。独善的。神経過敏。向こう見ず。興奮し易い。行動的。
意欲そう失。無関心。気が弱い。自閉的。人間不信。自己憐憫。集中力がない。神経過敏。陰険。自暴自棄。
興味がない(無関心)。人間不信。無気力。無神経。空想的。無感動。弛緩的。意気消沈。憂うつ感。
交際好き。おせっかい。出しゃばり。自己中心的。自意識過剰。いらいらし易い。すぐむきになる。気まぐれ的。
攻撃的。衝動的。気が短い。神経過敏。不安感が強い。興奮し易い。すぐむきになる。敵意。いらいらし易い。

導目標

しく、依頼心が強い。
がままなところがあり、主観的で空想的な

のことを気にしすぎる。
観的に考え、自信をなくし、ふさぎこむ傾向

与え，活発に行動させる。
役割を与え，責任をもたせる。

指摘し、自信を持たせる。

氏名　ジ゛ツフ゛ツミホン　　　年 04 月

（切りとり線）

教研式ＭＧ個人票（児童・生徒用）

あなたの性格診断

行　動　と　性　格	もう少し	ふつう	よい
元気よく活発に行動する	＊		
自分から先になって積極的に行動する	＊		
だれとでも仲良くやっていける	＊		
人と力を合せて作業することができる	＊		
おだやかで争いをあまり好まない			＊
考えがひとりよがりにならない	＊		
のんびりしていてあまりくよくよしない	＊		
物事を落ちついてじっくり考える		＊	
いつまでもあまりくよくよ悩まない	＊		
明るくのびのびしている	＊		
自分に自信をもち充実感、満足感が強い	＊		
落ちついていて気分があまりかわらない		＊	

あなたの傾向

あなたは、内気な性格で、人と協力するのが少しにがてのようです。
ひとりよがりにならず、相手の気持ちも考え、またもう少し積極的に行動するようにしましょう。
あなたは感じやすいタイプで、ちょっとしたことでも気にして、やる気をなくしてしまったり、自信をなくしてしまったりする傾向があるようです。

あなたの長所

素直で人と争うことを好まない。

努力目標

きびきびと活動的にふるまおう。
自分勝手なところを反省し、責任をもって行動しよう。
自分にもっと自信を持とう。

年 01 組 10 番　氏名　ジ゛ツフ゛ツミホン

2 教研式 MG 本明ギルフォード性格検査 個人票（教師用）

I 性格診断プロフィール

特性	傾向	1	2	3	4	5	傾向
G 活発さ	不活発		*				活動的
A 指導性	服従的		*				指導的
	消極 ←						→ 積極
S 社交性	非社交的		*				社交的
Co 協調性	非協調的		*				協調的
Ag 攻撃性	攻撃的				*		非攻撃的
O 判断傾向	主観的		*				客観的
	社会不適応 ←						→ 社会適応
R 気楽さ	短気	*					のんき
T 思考性	即行的			*			慎重
N 神経質傾向	神経質		*				神経質でない
D 抑うつ性	陰気	*					陽気
I 劣等感情	劣等感情あり	*					劣等感情なし
C 情緒の安定	情緒不安定			*			情緒安定
	個人不適応 ←						→ 個人適応
L 虚構尺度	虚構性多い					*	虚構性少ない

II 適応傾向の判定

（判定の基本型）

N	O	P
2	0	0

E	C	A
3	0	1
F	**D**	**B**
4	2	0

社会及び個人に対する

判定水準

第1次（＊）第2次（　）第

（E・F　）タイプ（社会

自己中心的傾向から脱皮で
緒不安定で、自己の感情や

III 性格類型の判定（＊＊＊……典型，＊＊……準型，＊……準々型）

性格類型	判定	行動特徴	性格類型	判定	行動特徴
従順型		依頼心が強く、受動的、消極的。他人を素直に受け容れる。楽天的でのんびりしている。	支配型		支配的、独善的。攻撃心が旺盛で自己主張的。気が短く衝動的傾向が強く認められる。
自律型		能動的。競争心が強い。他者受容的。責任感があり、ひとりよがりにならない。冷静沈着。自己抑制的。	依存型	*	依頼心が強く、受動的、独善的、感情的。わがままで、気まぐれ的な傾向が強い。忍耐力の欠如。
広量型		積極的。エネルギッシュ。支配的。物事を多面的にとらえる。行動派。物事にこだわらない。	狭量型	**	消極的、気が弱い。感情的で独善的。視野が狭い。空想的。優柔不断。心配性で神経過敏。
関与型		威勢がよい。熱中する。親和感。同情的。他者受容的。充実感。満足感。興奮し易い。すぐむきになる。	不関与型	*	無関心。意欲そう失。自閉的。人間不信。批判的。憂うつで悲観的。冷淡で気分が余り変わらない。抑圧的。
陽気型		活発に動き回る。明るい。親切。如才ない。おおらか。楽天的。充実感。打ち解けた。気軽さ。	陰気型	***	意欲そう失。無口。隠遁的。不安感が強く心配性。じめじめしている。陰険。憂うつ感。自信の欠如。孤立感。
几帳面型		意欲的で熱中する。理性的。分析的。神経過敏。周囲を気にする。計画性がある。潔癖。不全感。	無神経型		無関心。感情的。のんびりで楽観的。無神経。軽率。不注意。大ざっぱ。細かい点にはこだわらない。
活力型		エネルギッシュに活発に動き回る。鵜呑みにし易い。体を動かすのが好き。おおらか。無頓着。粘り強い。	腺病質型		疲れ易い。貧血気味。理性的。自己批判的。内省的。瞑想を好む。いらいらし易い。自意識過剰。気にし易い。
自己実現型		自主的。競争心。自己中心的。分析的。理性的。計画性がある。思索的。集中力がある。自信。	集団同調型		自主性がない。人の言いなりになる。他者受容的で付和雷同。鵜呑みにし易い。軽率。周囲を気にしすぎる。
内罰型		自省心と責任感。争いを好まない。ひとりよがりにならず自己批判的。熟慮的。分析的。自己抑制的。	外罰型		揚げ足とり。けちをつける。自己主張が強く負けず嫌い。独善的で感情的。軽率で刹那的。怒りっぽい。
理性型		自制的。おだやか。冷静沈着で物事を多面的にとらえられる。熟慮的で分析的。気分の動揺が少ない。冷淡。	感情型		自制心がない。独善的。軽率で向こう見ず。興奮し易い。怒りっぽい。神経過敏。すぐむきになる。気まぐれ。

IV 問題性傾向の

判定	問題性傾向
	顕在性非行型
***	陰性非行型
	意欲そう失型
	ヒステリー型
	感情暴発型

V 総合診断と指導

総合診断	社会適応	積極性や意欲が乏 引っ込み思案でも 傾向が強い。
	個人適応	神経過敏でまわり ものごとを暗く悲 もみられる。
指導目標		興味をもつ仕事を グループの仕事で すぐれている点を

東京	都道府県	キヨウケン	小□ 中□ 高等□ 学校	□ 年	01 組	10 番

体力づくりのポイントが示されます。体格のデータも加えて、それに応ずる配慮もされています。体育の指導、体育行事の運営などにたいへん役立ちます。

第9章　子どもを伸ばす通信簿

1　通信簿は何のためにあるのか

「通信簿は、法律で定められている表簿ではないといわれていますが。」
「その通りです。通信簿は、その発行が法律で義務づけられているものではありません。だから、出すか出さないか、どんな内容で出すかは、まったく学校の自由です。」
「では、出してない学校もあるんですか。」
「あります。」
「先生によって、出しても出さなくてもいいわけですね。」
「いや、それは困ります。もちろん法律的にはいいわけですが、一年生では通信簿を受け取り、二年生では受け取らず、三年生ではまた受け取るということでは、子どもも、保護者もこの学校はいったいどうなっているんだろうと、不信感をもちます。学校に不信感をもたれたら教育は成り立ちません。出すなら出す、出さないのなら出さないと、学校として一貫していることは、子どもに対する最低の道義的責任といえるでしょう。」

家庭との協力のため

通信簿は、文字通り、学校と家庭との通信、連絡のためにあります。子どもの教育にとって責任が重いのは、特に学校と家庭です。その学校が、学校での子どもの様子や、学校の教育方針や教育内容を、家庭に知らせれば、家庭は、学校の教育に協力して、家庭で子どもを教育することができます。また、家庭が、家庭での子どもの様子や、家庭での教育の考え方などを、学校に知らせれば、学校は、家庭での教育に協力することができます。

つまり、学校と家庭との通信、連絡が密であれば、両者の協力が密接になり、子どもの教育において成果があがることが、大いに期待できるということです。そのための手段が、通信簿ということです。

＜参 考 資 料＞　足利市中学校統一版様式

No.＿＿＿＿＿

平成１４年度

通　信　表

学 校 の 目 標

（各学校の教育目標）

校章

校 舎 写 真

第　　学年　　組

生徒名＿＿＿＿＿＿＿＿

足 利 市 立 〇 〇 中 学 校

URL 〇〇〇

学習のようす

教科	観点＼観点別学習状況と評定	1学期 学習状況	1学期 評定	2学期 学習状況	2学期 評定	3学期 学習状況	3学期 評定
国語	国語への関心・意欲・態度						
	話す・聞く能力						
	書く能力						
	読む能力						
	言語についての知識・理解・技能						
社会	社会的事象への関心・意欲・態度						
	社会的な思考・判断						
	資料活用の技能・表現						
	社会的事象についての知識・理解						
数学	数学への関心・意欲・態度						
	数学的な見方や考え方						
	数学的な表現・処理						
	数量、図形などについての知識・理解						
理科	自然事象への関心・意欲・態度						
	科学的な思考						
	観察・実験の技能・表現						
	自然事象についての知識・理解						
音楽	音楽への関心・意欲・態度						
	音楽的な感受や表現の工夫						
	表現の技能						
	鑑賞の能力						
美術	美術への関心・意欲・態度						
	発想や構想の能力						
	創造的な技能						
	鑑賞の能力						
保健体育	運動や健康・安全への関心・意欲・態度						
	運動や健康・安全についての思考・判断						
	運動の技能						
	運動や健康・安全についての知識・理解						
技術家庭	生活や技術への関心・意欲・態度						
	生活を工夫し創造する能力						
	生活の技能						
	生活や技術についての知識・理解						
外国語	コミュニケーションへの関心・意欲・態度						
	表現の能力						
	理解の能力						
	言語や文化についての知識・理解						
選択教科							

私の目標

私の学習のふりかえり

教科	一学期	二学期	三学期	教科	一学期	二学期	三学期
国語				美術			
社会				保体			
数学				技家			
理科				外国語			
音楽							

◎…よくできた　〇…おおむねできた　△…もっと努力したい

学校生活のようす

内容	係や活動状況	一学期	二学期	三学期
学級活動				
生徒会活動				
学校行事				
その他参考となる諸事項				

総合的な学習の時間への取り組み

学習課題	活動の状況

No.＿＿＿　生徒名＿＿＿＿＿＿

行動のようす

項目	趣旨	生徒 一学期	生徒 二学期	生徒 三学期	教師 一学期	教師 二学期	教師 三学期
基本的な生活習慣	自他の安全に努め，礼儀正しく節度を守り節制に心掛け調和のある生活をする。						
健康・体力の向上	活力ある生活を送るための心身の健康の保持増進と体力の向上に努めている。						
自主・自律	自分で考え，的確に判断し，自制心をもって自律的に行動するとともに，より高い目標の実現に向けて計画を立て根気強く努力する。						
責任感	自分の役割を自覚して誠実にやり抜き，その結果に責任を負う。						
創意工夫	探求的な態度をもち，進んで新しい考えや方法を見付け，自らの個性を生かした生活を工夫する。						
思いやり・協力	だれに対しても思いやりと感謝の心をもち，自他を尊重し広い心で共に協力し，よりよく生きていこうとする。						
生命尊重・自然愛護	進んで自然を愛し，自他の生命を尊重する。						
勤労・奉仕	勤労の尊さや意義を理解して望ましい職業観をもち，進んで仕事や奉仕活動をする。						
公正・公平	正と不正を見極め，誘惑に負けることなく公正な態度がとれ，差別や偏見をもつことなく公平に行動する。						
公共心・公徳心	規則を尊重し，公徳を大切にするとともに，我が国の文化や伝統を大切にし，国際的視野に立って公共のために役立つことを進んで行う。						

学校から	家庭から	一学期	二学期
通信欄	できているものに　○		
	家の人や地域の人にあいさつができる。		
	けじめある生活ができる。		
	自分や他人の安全を考えて生活ができる。		
	がまんすべきときはがまんできる。		
	目標実現に向け，根気強く努力できる。		
	人に対して，親切にできる。		
	家の手伝いをすすんでできる。		
	正と不正を見極め，公正な態度がとれる。		
	地域の行事にすすんで参加している。		
	相手の人権を尊重した発言や行動ができる。		
	【通信欄】		

出欠のようす	学期	授業日数	欠席日数	出席日数	遅刻数	早退数	備考
	1						
	2						
	3						
	学年						

家庭の皆さまへ

この「通信表」は，お子さんの学校における学習や生活のようすをお知らせし，学校と家庭とが力を合わせて，お子さんのより望ましい発達に役立てていくことがねらいです。
したがいまして，この「通信表」は，励まし伸ばしてやるための手がかりであり，お子さんの自ら学ぼうとする意欲が更に高まるような利用の仕方をぜひお願いいたします。
また，「学習のようす」だけでなく，「学校生活のようす」や「行動のようす」等もご覧になり，全体として調和のとれた成長をしているかどうかについてもお考えください。

1　「学習のようす」は次のようになっています。

(1)　観点別学習状況は，それぞれ「十分に満足できると判断される」面に○，「おおむね満足できると判断される」を空欄，「努力を要すると判断される」面に△で表してあります。

(2)　評定は，各教科の目標に照らして，その実現状況を総括的に評価して，次の5段階で表しています。
5…十分に満足でき，特にその程度が高い　4…十分に満足できる
3…おおむね満足できる　2…もう少し努力をしてほしい
1…大いに努力をしてほしい

(3)　選択教科の評定は，教科の目標に照らして，次の3段階で表しています。
A…十分満足できる
B…おおむね満足できる
C…努力をしてほしい

(4)　「総合的な学習の時間への取り組み」については
①　「学習課題」は，お子さんの取り組んでいる学習の課題が記入されています。
②　「活動の状況」は，学校で定めた具体的な目標や観点に基づいた学習への取り組みのようすを，意欲や態度，進歩の状況などについて記述してあります。

2　「私の目標」は年間を通して達成を目指して掲げたお子さんの目標です。
「私の学習のふりかえり」は学期ごとの観点にしたがった自己評価です。

3　「学校生活のようす」（特別活動の記録）は，どのような係等に所属し，活動しているかを記入してあります。なお，○印は大変よくやっていることを示しています。

4　「行動のようす」（行動の記録）は，お子さんの行動について，各項目ごとに観察して，十分満足できる面を○で表してあります。また，努力してほしい面を△で表してあります。
生徒の自己評価については，観点項目にしたがって自己診断した結果，十分満足できている面を○，改善していきたい面を△としました。

5　通信欄は必要に応じて，主なことがらを記入しますが，家庭からの欄には，ご家庭でのお子さんのよさもお知らせください。
また，各項目でできていると思われるものには，○印をつけてください。

校長名	
学級担任名	

学期	1	2	3
学級担任印			
保護者印			

<参 考 資 料>世田谷区立桜丘小学校様式

1 学 期 の 学 習 の 様 子

教科	領 域	観 点	評 価		
			よくできる	できる	もう少し
国語	関心・意欲・態度	課題解決のために図鑑や事典、辞書を進んで活用している。			
	話す・聞く能力	目的や場に応じた言葉づかいで自分の考えを話すことができる。			
		相手の考えをつかみながら聞くことができる。			
	書く能力	目的に応じて簡単に書いたり、詳しく書いたりできる。			
	読む能力	事実や考えを区別しながら読み、自分の考えをはっきりさせることができる。			
		心情や場面の描写、優れた叙述を味わって読むことができる。			
	言語についての知識・理解・技能	送り仮名に気をつけて、漢字を正しく書くことができる。			
		字配りよく、文字を書くことができる。			
社会	関心・意欲・態度	歴史に興味をもち、進んで調べようとする。			
	思考・判断	それぞれの時代の人々の願いを考えることができる。			
	技能・表現	地図や年表などの資料を使い、まとめることができる。			
	知識・理解	大昔の人々の暮らしがわかる。			
		天皇や貴族の世の中の政治や文化がわかる。			
		武士の世の中の政治や文化がわかる。			
算数	関心・意欲・態度	数量や図形について進んで考察処理したり、論理的に考えたりしようとする。			
	数学的な考え方	学んだことを適切に生かして、筋道を立てて考えることができる。			
	表現・処理・知識・理解	分数×整数、分数÷整数の計算ができる。			
		分数×分数の計算ができる。			
		分数÷分数の計算ができる。			
		比や比の値を求めることができる。			
理科	関心・意欲・態度	意欲的に自然の事物・現象を調べ、学んだことを生活にあてはめようとする。			
	科学的な思考	観察・実験の条件を整え、適切な考えを導き出すことができる。			
	技能・表現	めあてをもって観察・実験を行い、的確に表現できる。			
	知識・理解	ものが燃える仕組みがわかる。			
		植物の養分のとり方がわかる。			
		夏の星座の位置や動き方がわかる。			
音楽	関心・意欲・態度	進んで表現したり鑑賞したりしている。			
	技能・表現	響きのある声で歌うことができる。			
		表情豊かに楽器を演奏することができる。			
図工	関心・意欲・態度	造形への関心をもち、意欲的に取り組むことができる。			
	発想や構想の能力	自分の表したいものをもとに、表現方法を工夫して製作することができる。			
家庭科	関心・意欲・態度	自分の生活時間を見直し、家族とのふれあいや団らんを工夫しようとする。			
	技能・表現	簡単な衣服の手入れや、エプロンの形や縫い方を工夫した製作ができる。			
	知識・理解	衣服の手入れの仕方や、目的に合ったミシン縫いの仕方がわかる。			
体育	関心・意欲・態度	友達に共感的にかかわりながら、健康・安全に気をつけて運動に親しんでいる。			
	思考・判断	めあてをもち、活動を工夫して計画的に運動することができる。			
	技能	運動の特性に応じた技能を身につけ、体力を高めることができる。			

児童名

特別活動の記録	1 学 期	2 学 期	3 学 期	児 童 会	ク ラ ブ
	係	係	係	委員会	クラブ

総合的な学習の時間	よさの発揮	学習活動（学校…人とのかかわり・学年…国際理解・学級…問題解決）
	・　発見する力	
	・　吟味する力	
	・　企画する力	
	・　情報を活用する力	
	・　自己評価する力	
	・　応用する力	

学校から	

出欠の状況		4月	5月	6月	7月	9月	10月	11月	12月	1月	2月	3月	合計
	授業日数	18	22	24	14	21	23	22	18	18	21	18	219
	出停忌引												
	欠席日数												

家庭から	夏休み中の働きかけ	冬休み中の働きかけ

保護者との信頼関係の契機

また、学校と家庭との連絡が密であれば、子どもの理解が深まるとともに、先生と保護者との信頼関係もできてきます。保護者が先生を信頼すれば、それが子どもに反映し、子どもは先生を敬愛し、教育は万全となります。通信簿は、その契機にもなれるということです。

ただし、学校と家庭との連絡の手段は、たくさんあります。例えば、連絡帳、学級だより、個別面談、学級懇談会、家庭訪問、電話連絡、メモを持たせる、答案や作品の返却など、枚挙にいとまがありません。これらの中で代表的手段が通信簿ということです。

2　どんな内容・構成がよいか

「内容も、学校によって、いろいろのようですが。」

「学校の自由ですから、いろいろでいいわけです。ただし、欄の種類が多いほうが、子どもの長所や個性を認めてやりやすいので、いいですね。」

多くの面を見ることができるように

内容として考えられるのは、出欠、身体・健康、学習、行動、特別活動、標準検査、通信、学校の教育目標、校歌、校章、見方・利用の仕方、修了証などです。

子どもは、自分の長所、個性を認めて、はげましてもらえば、やる気になって、努力します。だから、すべての子どもの長所、個性を認めてやれるように、内容は、学校生活全般、子どものいろいろな側面にわたるべきです。学校によっては、「各教科の学習の記録」と「出欠の記録」だけのものもありますが、これではよくないということです。

また、各欄の内容についても、できるだけいろいろな側面が入っているほうがいいわけです。例えば、「各教科の学習の記録」では、内容として考えられるのは、総合評定、観点別評定、所見などです。

体育２というように、一教科一つの総合評定では、体育が劣っているということはわかっても、どう努力したらよいかはわかりません。それよりは、いくつかの観点を設けて評定するほうが、どこが優れ、どこが劣っているか、どこを努力すればよいかがよくわかります。しかし、もっともわかりやすいのは、所見です。「逆上がりができません」と書いてあれば、夏休み中に練習しようという気になります。どこが優れているか、どう努力すればよいかがよくわかるわけです。

学校によっては、各教科総合評定だけというところもあるようですが、やはり、子どもの長所、個性をすべて認めて、はげますためには、できるだけ多くの事項や欄があるほうがよいということです。

なお、事項、欄、所見の用字、用語は、子どもの発達段階に合わせてよくわかるようにしたいものです。例えば、小学校一年生であれば、「国語」ではなく、「こくご」といったようにです。

教育方針にそって配列

内容の構成・配列では、まず、トップに「通信簿の見方・利用の仕方」を置いてください。通信簿が、子どもにとって苦痛なのは、それを種に、保護者が叱るからだといわれています。そこで、その弊害を取り除くために、保護者に、まず良い点を認めること、叱る材料にしないことなど、適切な応対を指示するわけです。しかし、残念なことに、ほとんど通信簿の最後のほうに入っているために、「この成績は、なんですか。」と、さんざん叱ったあとで見ることになり、「あっ、叱ってはいけなかったんだ。」と、なっても手遅れです。最初に置くか、別刷りにして、読んでから応対させるようにしたいものです。

全体的配列では、学校の教育目標、あるいは重点目標にしたがうことです。ふつう、教育目標としては、「健康な子ども」「明るい子ども」「みずから学ぶ子ども」といったように、知育、徳育、体育にわたった目標をかかげている学校がほとんどです。

例えば、ある小学校では、体力作りを重点目標としています。そのことを、保護者にも、子どもにもわかってもらって、努力してもらおうと、通信簿の最初に、「身体・健康」の欄を置いています。しかも、他の欄よりも、スペースもたっぷりとっています。

通信簿には、作り方で、子どもや保護者に、学校の教育についての考え方を知らせるという機能もあります。この小学校は、それをねらっているわけです。他の学校でもまねてほしい工夫です。

保護者の参加

これまで学校は出したい通信簿を出してきました。しかし、これからは、受け手である保護者が求めているものも入れたいということから、どんな通信簿にするかを検討する委員会に保護者にも参加してもらったり、アンケートで保護者の要望を調べて参考にする学校が増えています。さらに、保護者が記入する欄を設けている学校もあります。

◆こぼれ話◆

重点目標

ある小学校の一学期末、ＰＴＡ総会の日です。校長先生が、あいさつの中で、「ここ数年来の本校の重点目標は、ご存知のように体力づくりです。工夫と努力が実を結びまして、……。」とありました。あとで、保護者から、「ほんとうに体力づくりでしょうか。」「もちろんです。」「でも、通信簿を開きますと、トップに学習の成績がありますし、スペースもいちばん多いんで、勉強のほうが重点目標のように思えてなりませんが…

…。」「……。」と、返答につまってしまったということです。教育での重点のおき方にそって、通信簿も作っておくとよかったですね。

3　記入で気をつけること

「適切に記入するためには、資料をしっかり集めておく必要があると思いますが。」

「まず、資料を十分集めておくことですね。十分な資料といえるのは、本人や保護者が質問に来た時に、示して説明して納得させられるだけのものということです。」

⑴　**成績はつけ方をよく確認して行います。**

総合評定や観点別評定については、絶対評定（評価）であれば、集めておいた資料で、それぞれの段階について、どういう状況だったらその段階にするか、基準を設定しておいて、それに基づいて行うことです。例えば、単元ごとに集めておいた資料から、80％

以上できているからAをつけるといったようにです。また、行動についても、ふつうは絶対評定（評価）なので、○は、こういうことをいつもしたらつけようといったように、あらかじめ決めておいて、すればよいわけです。

(2) 文章で書くところは、まず子どもの長所から始めます。

所見については、だれでも、ほめられるとやる気になり、けなされるとやる気をなくします。だから、長所を指摘し、まずほめてから、短所もけなさないで、どうしたら良くなるかを具体的に書くようにしたいものです。基本的な姿勢としては、ほめるのを七分、けなすのは三分くらいにすることです。

(3) 誤字、あて字、脱落をなくします。

所見のように、先生が書いたものは、保護者も、子どもも必ず読みます。それだけに、誤字、あて字、脱落はこまります。辞書を座右に置いて書き、よく読み返すようにしたいものです。

(4) 資料を収集、整備、記録しておきます。

評定でも、所見でも、子どもや保護者を十分納得させるように記入するためには、各子どもについて、資料を整備しておく必要があります。日常の観察やテストの結果などを、記録し、整備しておくためには、手帳方式、パンチカード方式、ファイル方式など、いくつかの方法があるので、自分なりの工夫をしてほしいところです。

ある小学校の先生は、ノートの見開き一ページを一日分にあて、左側のページには男子、右側のページには女子として、すべての子どもについて毎日一つは記入するようにしています。また、子どもごとにファイルを作り、豊富で、きめ細い資料をどんどん蓄積している先生もいます。通信簿を書く時、保護者と話す時、たいへんいい材料になるということです。

(5) 子どもや保護者にも記入させる工夫をします。

記入は先生だけでなく、学習態度や行動など欄を作って、子どもに評定を記入させたり、保護者に子どもへのはげましのことばを記入させたりしている学校があります。子どもに自己評価を通して、自覚と努力を求められるという効果が期待できるとともに、先生と評定がズレた時に、今後の努力について話し合いのきっかけにもなるということです。

〈参考資料〉

（長野県茅野市立永明中学校）

6　4　3　1

竹村和子	石田勇二	小林道子	西田　勝	香川敬子	木下久江	岩村百合子	小山田治樹
	Yes, I do. No, I do not のあと必ず２文で言おうとした			Do you－？で聞かれたら I do で答えることに気づく	I have an English notebook. が言える		Yes, I do. No, I do not. のあと必ず２文で言おうとした
安藤文夫	寺沢静江	八木　稔	庄司彰子	藤村健二	森田祐子	田島道夫	栗原典子
							I have のあとの単数，複数の使いわけができる
土居千春	渡辺辰郎	菊池由美	金子　昇	馬場もと子	宮坂清典	山口みな子	加藤洋平
野村義弘	宮沢佐智子	松田孝一	樋口里美	大西義之	藤井律子	丸山誠貴	大原登紀子
			Do you－？で聞かれたら I do で答えることに気づく	疑問文の any の用法がわかり使える			I have an English notebook. が言える
杉浦英子	山本建一	安岡孝子	三好規和	辻村明子	片岡　哲	大島茂子	南部聡子
interesting の発音に気をつけて読める			interesting の発音に気をつけて読める	I have のあとの単数，複数の使いわけができる	I have an English notebook. が使える	進んで手をあげ音読した	I have an English notebook. が使える

5　2

※　氏名は変えてあります

机の配置図（座席表）を使う

例に示したように、記入ができるくらいの大きさで、机の配置図を作ります。そして、たえず手もとにおいて、授業中、見取るたびに記入すれば、通信簿、指導要録への記入はもちろん、他にもずいぶん役立つ資料が集まります。例えば、授業が終了したあとで、全体をじっくり見て、学級の全体像をつかむようにしている先生がいます。一つ一つを切り離して、あらかじめ作ってある子どもごとのカードに貼って、前からのと合わせて、くり返して見て、子どもの理解に役立てている先生もいます。しだいに子どもが見えるようになってくるということです。家庭訪問や個別面談で、保護者との話し合いの材料にしている先生もいます。また、あらかじめ、子どもの学習を予想して、記入しておき、学習指導に効果をあげている先生もいます。

4　子どもへの言葉かけと保護者への働きかけ

「通信簿を渡す時、かける言葉がたいへんたいせつだといわれていますが。」

「通信簿の仕上げは、言葉かけだという人もいるほどで、たしかに、たいせつです。同時に、保護者の子どもへの応対の仕方の指導を徹底することもたいせつです。通信簿についての諸悪の根源は、保護者の応対の仕方だという人もいるほどですから。」

子どもへの言葉かけ

子どもは、名前を呼ばれ、期待と不安でどきどきしながら、通信簿を受け取ります。その時に、先生がかける言葉によって、子どもは、元気づけられたり、がっくりしたりするものです。それだけに、先生は、適切な言葉をかけるように、配慮しなければなりません。次のように、心がけましょう。

⑴　**ほめるのを七分、叱るのを三分にします。**

叱るのも、叱るというより、こう直せばよくなるという感じにしたいものです。例えば、「漢字の力がずいぶんついたので、国語が上がったよ。算数も、計算力がずいぶんついたね。図工で、絵をもうちょっとていねいに書こうね。」といったようにです。ただし、ほめるためには、ふだんから、すべての子どもの長所を見よう、長所は必ずあるはずだと、見つづけよう、考えつづけようとすることです。これは、先生としては、当然の基本的姿勢です。

(2)　かける言葉を収集しておきます。

その場で、適切な言葉が湧いてくるわけはありません。ふだんから収集し、5の子どもへは、4の子どもへは、と評価段階ごとに分類しておくぐらいの心がけが必要です。

(3)　子どもによってかける言葉はかえます。

前の席のほうの子どもには、他の子どもへ先生がかける言葉は聞こえます。「ぼくと同じことをいわれている。ぼくとは違うのに、先生はわかっていないんだな。」ということがないようにです。

(4)　かけた言葉はメモしておきます。

ある子どもは、一学期に、先生から、「算数おしかったね、もうちょっとで5だったんだよ。」といわれました。二学期がんばって、テストの点もよかったのに、また「算数おしかったね。もうちょっとで5だったんだよ。」といわれ、三学期も4で、また同じことをいわれました。「いいかげんにしてよ。」と、やる気をなくしてしまいました。

何をいったかを記録してあれば、犯さないですんだ過ちです。

保護者への働きかけ

(1) **通信簿の意義をわかってもらうようにします。**

学校と家庭で、連絡をとりあって、子どもを伸ばすためで、保護者に叱る材料を提供しているわけではありません。

(2) **全体を見てもらうようにします。**

どうしても、学習成績に目がいきがちです。その他にも、子どものいろいろな面について書いてあるので、全体像をつかんでもらうために、全体をすみずみまで、しっかり見てもらうようにします。

(3) **見方をわかってから見てもらいます。**

同じく評定でも、相対評価か個人内評価かによって、意味が違います。正しく見てもらうためには、見る前に、見方をよくわかってもらうことが必要です。

(4) **長所を見つけて、ほめ、はげましてもらいます。**

まず、全体を通して、長所を見るようにしてもらいます。例えば、よくできる教科、各教科でよくできる面、学習態度でよいところ、行動や特別活動のよいところ、欠席が0、といったようにです。そして、ほめて、はげませば、「よし、またがんばるぞ。」という気になるものです。

(5)　短所はどうしたらよいかを話し合うようにしてもらいます。

保護者は、とかく、短所を数えあげて、つい叱りたくなるようです。しかし、これでは逆効果なので、「どうしたらよくなるか。」をしっかり話し合うようにしてもらいます。

(6)　疑問や意見があれば話してもらうようにします。

子どもを伸ばすためには、学校と家庭とで、意志の疎通が必要です。そのためにも、疑問は解消し、意見にくい違いがないようにしなければなりません。保護者の疑問は、納得いくまで説明し、保護者の意見には、素直に耳を傾けるようにしたいものです。通信簿は、とかく学校から家庭への一方通行になりがちですが、これは好ましくありません。その点、疑問や意見が先生に寄せられるのは、たいへん良い状態です。そうするように、保護者に働きかけることです。

保護者と先生との通信・連絡が緊密であれば、子どもの理解が深まるとともに、保護者と先生との信頼関係もできます。保護者が先生を信頼すれば、子どもに反映し、先生は子どもに敬愛され、教育は万全となります。通信簿は、その契機になれるということです。

〈参考資料〉

保護者への働きかけ

例に示したのは、保護者へ、通信簿の扱いについて説明したものです。各学校でも、このような説明文を、通信簿へ印刷するか、別刷りにして渡すか、とにかく行ってほしいものです。

通信簿のみかた

今学期の学校における子どものようすをお知らせします。次の各項をご配慮の上でご覧いただき、子どもの望ましい成長に役立ててください。

1　学校における子どもの実態を知り、どこに特性があり、今後どんなところに努力していくかを子どもといっしょに考えたり励ましたりする資料としてご利用ください。

2　「学習のようす」だけでなく「特別活動への参加」や「行動のようす」や「健康状況」（別

冊連絡簿）などで調和のとれた成長をしているかどうかをみてください。

3　「学習のようす」で、各教科の最後の欄の◎、○、△は、その教科の成績（到達度）いかんにかかわらず、喜んで精いっぱいの力で取り組んでいるかどうかを三段階にあらわしたものです。子どもが自分の能力に応じてどのように努力しているかに注意してみてください。

4　「学習のようす」「行動のようす」の◎、○、△は、それぞれのねらいに対して、到達の程度はどうかということを三段階にあらわしたものです。友だちとくらべたり、段階ごとに人数をきめたりしてはありません。

5　この通信簿に記入されたことのくわしい内容については、授業参観における観察を通して、また学級ＰＴＡや懇談会のおりに担任の先生とお話をしてください。また感想やご意見がありましたら「家庭から学校へ」の通信欄を使うか、直接担任にお話しください。

第10章　指導要録の書き方、生かし方

1　指導要録は何のためにあるか

「指導要録は、通信簿と違って、法律で作成が義務づけられている表簿だと聞いていますが。」

「学校教育法施行規則第12条の3（指導要録）で、作成の責任者は校長、種類は原本、抄本又は写し、写しの三種類があることが決められ、同第15条（学校備付表簿）で、保存期間は学籍の記録は二十年間、指導の記録は五年間と義務づけられています。」

指導要録が果している役割

指導要録は、文部科学省の通知文にもありますが、子どもたちの学籍、指導の過程や結果などを要約して記録しておき、指導の資料として、外部への証明の原簿として、役立てるためにあります。しかし、証明の原簿としては、十分活用されているようですが、指導の資料としての活用は不十分のようです。うまく活用している先生もいますので、せっかくの資料を生かす努力と工夫をしたいものです。なお、以前は「学籍簿」といっていたものにあたります。

種類は、原本、抄本又は写し、写しの三つで、作成の責任者は校長です。しかし、校長がすべての子どもをわかっているわけではありませんので、記入の責任者は、担任の先生と考えるべきです。

①「原本」　在籍しているすべての子どもについて作成します。

②「抄本又は写し」　進学する子どもについて作成し、進学先へとどけます。

③「写し」　転校する子について作成し、転校先へとどけます。

指導要録の保存期間

なお、保存期間は、原本と転校の際の写しは、卒業後「学籍に関する記録」は二十年間、「指導に関する記録」は五年間です。進学の際の抄本又は写しについては、進学先に本人が在学している期間、と通知文に示されています。これは、原本は出身校にあるので必要な時は見ることができること、学校には書類がたくさんあるので、指導に使って不用になったものはできるだけ廃棄したほうがよいこと、などが理由です。期間を過ぎて保存することは、「学籍に関する記録」については差し支えありませんが、「指導に関する記録」については、プライバシーの保護の観点から配慮することが必要です。

〈参　考　資　料〉

学校教育法施行規則　第12条の３（指導要録）

校長は、その学校に在学する児童等の指導要録（学校教育法施行令第31条に規定する児童等の学習及び健康の状況を記録した書類の原本をいう。以下同じ。）を作成しなければならない。

② 校長は、児童等が進学した場合においては、その作成に係る当該児童等の指導要録の抄本又は写しを作成し、これを進学先の校長に送付しなければならない。

③ 校長は、児童等が転学した場合においては、その作成に係る当該児童等の指導要録の写しを作成し、その写し（転学してきた児童等については転学により送付を受けた指導要録の写しを含む。）及び前項の抄本又は写しを転学先の校長に送付しなければならない。

同規則　第15条（備付表簿、その保存期間）
学校において備えなければならない表簿は、概ね次のとおりとする。
4　指導要録、その写し及び抄本並びに出席簿及び健康診断に関する表簿
② 前項の表簿（第12条の3第2項の抄本又は写しを除く。）は、別に定めるもののほか、5年間、これを保存しなければならない。ただし、指導要録及びその写しのうち入学、卒業等の学籍に関する記録については、その保存期間は、20年間とする。

抄本又は写しの保存期間　法令上特に定められておらず、かつて通知文で当該学校に在学する期間保存することになっていたので、それでよいとされている。

2　どう記入したらよいか

「指導要録は、作成が法律で決まっているということであれば、様式や記入の仕方も決まっていますか。」

「様式も、記入の仕方も、ある程度統一しておかないと、学校によってまちまちだと、転校、進学の時に、不便なので、文部科学省で参考例を示しています。都道府県によって、若干変更しているところはありますが、ほとんど文部科学省の参考例に従っています。ただ、学校によっては、記入の仕方を印刷しているところもありますので、あるかないかを確認し、あったらそれに従うことです。」

記入の原則

指導要録は、公の表簿ですから、記入については、原則を守る必要があります。

(1) 記入の文字、位置について

① 原則として当用漢字、現代かなづかいを用います。

② 楷書で正確に記入します。

③ 数字は、1、2、3の算用数字を用います。

④ 文章は口語文、字体は新字体によるが、氏名、学校名などで旧字体が使われている場合は、そのまま使います。

⑤　学校名、所在地、校長氏名、学級担任者氏名、児童（生徒）の現住所、保護者の現住所など、変更あるいは併記する必要が生ずるものは、欄の上部に寄せて書きます。

(2)　記入の時期

①　入学時　学校名及び所在地、児童（生徒）、保護者、入学前の経歴、入学・編入学等、などです。

②　学年初め　学級、整理番号、校長氏名、学級担任者氏名、などです。

③　学年末　校長・学級担任者の押印、各教科の学習の記録、総合的な学習の時間の記録、特別活動の記録、行動の記録、総合所見及び指導上参考となる諸事項、出欠の記録、などです。

④　卒業時　卒業、進学先・就職先等です。

⑤　その都度　編入学、転入学、転学・退学、などです。

(3)　記入事項の変更、訂正

①　変更の場合は、その都度必要事項を記入し、抹消事項は2本線で消し、前の

事項も読めるようにしておきます。なお、認印は押しません。

② 誤記の訂正は、2本線で消し、訂正事項を記入し、訂正箇所に訂正者の認印を押します。

③ 抹消だけの場合は、抹消部分が読めるように2本の線を引いて消します。

(4) 記入用具、その他

① 記入は、黒インクのペン書きかボールペンを用います。

② 学校名、所在地、校長氏名、学級担任者氏名など、共通なものは、ゴム印でもかまいません。ただし、保存期間を念頭において、それにたえる質のものを選ぶことです。

③ 記入事項が多くて、その欄に書ききれないときは、付箋を用います。

なお、具体的に記入した例を示しておきますので、参考にしてください。

ふだんから資料の収集を

適切に記入するためには、通信簿と同様に、ふだんから、資料を十分集めておくことです。

例えば、「各教科の学習の記録」の「評定」や「観点別学習状況」の記入のためには、単元ごとに、観点別にもみることができるように、テストを作って、子どもたちの習得状況を測定して、記録しておくことです。「行動の記録」の記入のためには、ふだん、子どもたちの行動をよく観察してできるだけ記録しておくとか、自主性というように、観察する特性をしぼって観察して記録しておくとか、することです。「所見」など、文章で記入する部分については、ふだんから、子どもたちの授業中の学習態度や行動を観察したり、耳にしたことを、できるだけたくさん記録しておくことです。

これらを記録しておくためには、ノート、カード、ファイルなどの準備が必要です。このように、指導要録の記入を助けるための記録簿を、「補助簿」といいますが、指導要録補助簿を略していったものです。

次ページ以下に、中学校の指導要録に実際に記入した例を載せておきます。

中学校生徒指導要録　（参考様式）

様式１（学籍に関する記録）

区分＼学年	1	2	3
学級	A	D	B
整理番号	14	16	12

<table>
<tr><th colspan="7">学籍の記録</th></tr>
<tr><td rowspan="3">生徒</td><td rowspan="2">ふりがな
氏名</td><td>なか　むら　ひろ　かず
中村浩和</td><td rowspan="2">性別</td><td rowspan="2">男</td><td>入学・編入学等</td><td>平成 14 年 4 月 1 日　第1学年 入学
<s>第　学年編入学</s></td></tr>
<tr><td>昭和・(平成) 元年 5 月 1 日生</td><td rowspan="2">転入学</td><td rowspan="2">平成 15 年 9 月 1 日　第２学年転入学
下松市立○○中学校
山口県下松市大字河内1057番地
保護者の転勤により本校学区域に転居</td></tr>
<tr><td>現住所</td><td colspan="3">東京都文京区大塚１丁目４番５号</td></tr>
</table>

保護者	氏名（ふりがな）	なかむら てるお 中村 輝雄
	現住所	生徒の欄に同じ
入学前の経歴		文京区立教研小学校卒業
学校名及び所在地（分校名・所在地等）		文京区立教研中学校 東京都文京区大塚3丁目3番1号

転学・退学等	（平成 15 年 9 月 18 日） 平成 15 年 9 月 18 日 春日井市立〇〇中学校 愛知県春日井市下津町229番地 第2学年転入。保護者の転居
卒業	平成 17 年 3 月 31 日
進学先・就職先等	東京都立教研中央高等学校 東京都文京区小石川5丁目36番5号

区分＼年度	平成14年度	平成15年度	平成16年度
学年	1	2	3
校長氏名印	平沼　良㊞	平沼　良 （4月～10月） 清水庄八㊞ （11月～3月）	清水庄八㊞
学級担任者氏名印	小野田武久㊞	小林弘子㊞ （4月～8月, 1月～3月） 斉藤好子 （9月～12月）	田中哲夫 （4月～9月） 松平三郎㊞ （10月～3月）

様式2（指導に関する記録）

生徒氏名	中　村　浩　和	学校名	文京区立教研中学校	区分＼学年	1	2	3
				学　級	A	D	B
				整理番号	14	16	12

各教科の学習の記録

必修教科　I　観点別学習状況

教科	観点＼学年	1	2	3
国語	国語への関心・意欲・態度	A	A	A
	話す・聞く能力	B	A	A
	書く能力	A	B	B
	読む能力	B	B	A
	言語についての知識・理解・技能	B	A	B
社会	社会的事象への関心・意欲・態度	A	A	A
	社会的な思考・判断	A	B	B
	資料活用の技能・表現	A	A	A
	社会的事象についての知識・理解	A	A	A
数学	数学への関心・意欲・態度	B	B	A
	数学的な見方や考え方	B	B	A
	数学的な表現・処理	B	B	B
	数量，図形などについての知識・理解	B	A	A
理科	自然事象への関心・意欲・態度	B	B	B
	科学的な思考	A	B	B
	観察・実験の技能・表現	B	B	B
	自然事象についての知識・理解	B	B	B
音楽	音楽への関心・意欲・態度	A	A	A
	音楽的な感受や表現の工夫	B	A	B
	表現の技能	B	B	A
	鑑賞の能力	A	B	B
美術	美術への関心・意欲・態度	A	A	B
	発想や構想の能力	B	A	A
	創造的な技能	B	B	B
	鑑賞の能力	B	B	B

選択教科　I　観点別学習状況

教科	観点＼学年	1	2	3
国語	学習への積極性・主体性			A
	豊かな言語感覚を身につけようとする意欲・態度			B
	課題を設定し，追究する能力			A
	表現力			A
社会	学習への積極性・主体性			
	資料の収集，活用の能力			
	社会的事象の課題追究能力			
	社会的事象について自分の考えを表現する能力			
数学	学習への積極性・主体性		A	A
	数学的な発想力		A	A
	数学的な問題解決の能力		B	B
	数学的な表現・処理能力		A	A
理科	学習への積極性・主体性			
	観察・実験等の技能やその結果をまとめる力			
	課題設定し，追究する能力			
	論理的に表現する能力			
音楽	学習への積極性・主体性			
	音楽の理解と鑑賞の能力			
	課題を設定し，追究する能力			
	創造的な表現の工夫			
美術	学習への積極性・主体性			
	作者の心情や意図を理解する能力			
	主題を発想し構想を練る能力			
	創造的に表現する能力			

教科	観点	1	2	3
保健体育	運動や健康・安全への関心・意欲・態度	A	A	A
	運動や健康・安全についての思考・判断	B	A	B
	運動の技能	A	B	B
	運動や健康・安全についての知識・理解	B	B	B
技術・家庭	生活や技術への関心・意欲・態度	B	A	A
	生活を工夫し創造する能力	B	B	B
	生活の技能	B	B	B
	生活や技術についての知識・理解	B	B	A
外国語	コミュニケーションへの関心・意欲・態度	B	B	B
	表現の能力	A	A	A
	理解の能力	B	A	A
	言語や文化についての知識・理解	B	B	B

教科	観点	1	2	3
保健体育	学習への積極性・主体性	A		
	運動の喜びや楽しさを味わう態度	B		
	課題を設定し，追究する能力	A		
	運動の特性や自己の能力に応じた計画の工夫	A		
技術・家庭	学習への積極性・主体性			
	工具や機器を活用する技能			
	必要な情報を収集し，活用する能力			
	生活をよりよくしようと工夫する力			
外国語	学習への積極性・主体性			
	コミュニケーション能力			
	課題を設定し，追究する能力			
	外国語による表現の能力			

Ⅱ　評　定

学年＼教科	国語	社会	数学	理科	音楽	美術	保健体育	技術・家庭	外国語
1	4	5	3	3	4	3	4	3	3
2	3	4	3	3	4	4	4	3	4
3	3	4	4	3	4	3	3	4	4

Ⅱ　評　定

学年＼教科	国語	社会	数学	理科	音楽	美術	保健体育	技術・家庭	外国語
1							A		
2			A						
3	A		A						

総合的な学習の時間の記録

学年	学習活動	観点	評価
1	地域の歴史を調べよう 歴史上の人物を調べて新聞を作ろう	主体的な態度 人としての生き方を考える力 企画力・表現力 多角的・総合的な見方	人々と触れあい，自分から地域とのかかわり方を考えていた。 紙面の構成について，新聞社に問い合わせるなどして，自分なりにオリジナルな新聞づくりをした。
2	身の回りの環境を考える 職業体験	主体的・創造的な態度 環境と人間とのかかわり方の理解 自分の将来の生活設計の能力	環境問題に真剣に取り組む人を知り，自らも実践しようとした。 職業体験を通して自分の生活を見直し，将来の進路を考える参考にしようとしていた。
3	地域のボランティア活動 外国人と交流し，報告会を開こう	主体的・実践的な態度 共に生きようとする心情 コミュニケーション能力 違いを理解し尊重する態度	福祉施設への聞き取り調査からボランティアへの関心を高め，社会奉仕の気持ちを強めた。 日本と外国との生活や文化の違いを，その国の人の立場で考えていた。

生徒氏名	中　村　浩　和

特別活動の記録

内容＼学年	学級活動	生徒会活動	学校行事
1	○		○
2	○	○	
3	○	○	

行動の記録

項目＼学年	基本的な生活習慣	健康・体力の向上	自主・自律	責任感	創意工夫	思いやり・協力	生命尊重・自然愛護	勤労・奉仕	公正・公平	公共心・公徳心	
1	○			○		○					
2	○		○			○			○		
3	○		○	○		○			○		

総合所見及び指導上参考となる諸事項

第1学年

・社会科が好きで，特に歴史的分野に関心が強く，総合的な学習では坂本竜馬について熱心に調査し発表した。
・学級委員（後期）として，明るい学級の雰囲気づくりに大きな役割を果たした。バレーボール部にはほとんど休まず参加した。
・学級委員を経験して，人の話をよく聞く習慣が身につくとともに，学習に遅れがちな生徒の面倒をよく見て，集団生活を向上させようとする積極的な姿勢が見られるようになった。
・社会科が好きであることから，将来は教師か歴史の研究者になりたいという

第2学年

・社会科は変わらず好きであるが，２学期以降数学にも興味を示すようになった。特に教科の得手，不得手はない。学習態度はまじめで，家庭でもコツコツと勉強している。総合的な学習（環境学習）には意欲的に取り組んだ。
・生徒会役員（書記）に当選し，生徒会活動の広報誌づくりに努力した。バレーボール部では２年生の中心として活躍した。
・これまでのまじめな生活態度に加え，生徒会活動や部活動においてすすんで仕事を引き受けるなど，自主的に行動するようになった。また，学級におい

第3学年

・数学の，特に図形の証明に強い興味を示すようになり，解けるまでいつまでも考えていることがしばしばあった。自ら考え理解することの楽しさを味わうようになってきた。
・バレーボール部の副部長として，今までとは違った練習計画を主体的に作成したりして，下級生を中心とした部の活性化の立て役者となった。また，卒業アルバム作成委員として誠実に役割を果たした。
・態度に落ち着きが出て，発言にも責任をもち，自己中心的な雰囲気になりがちな教室内で，建設的な発言を投げか

学年		学年		学年	
	夢をもっているようである。 今は社会科だけでなく何でも一生懸命やって，自分を見つめ直してみよう，と助言した。 ・5.10　教研式新学年別知能検査　SS52。 5.12～14　教研式標準学力検査NRT　国社数理英平均SS54。特に社会科の教科成就値が高い。		てもだれとでも仲よくし，公正な判断ができるのでみんなから信頼されている。 ・英検４級（平成15年12月取得）。 2.18～20　教研式標準学力検査CRT国社数理英。各教科とも知識・理解は高い。思考・判断は，他教科に比して数学がやや低い。 ・生徒会役員になり，自主的・自律的な生活を送るようになってきた。学級会では生徒会活動への積極的な参加を呼びかけるなど，学校全体から見る目をもつようになった。		けては学級をよい方向へ導いた。 ・将来は，好きな教科である社会科，数学のどちらかを生かせる方向を考えているが，現時点では決めかねている。上級学校でさらに自己の特性を見極める必要があることから，普通科の高校への進学を決定した。 ・5.12～14　教研式標準学力検査NRT国社数理英平均SS56。特に社会，数学の教科成就値が高い。 ・総合的な学習での「老人ホーム訪問」後も，友達を誘って慰問を続け，ホームの老人会から感謝状が贈られた。

出　欠　の　記　録

学年＼区分	授業日数	出席停止・忌引等の日数	出席しなければならない日数	欠席日数	出席日数	備　考
1	203	2	201	1	200	忌引（同居の祖父死亡）　欠席は風邪
2	203	6	197	3	194	インフルエンザ出停６　欠席は風邪２　腹痛１
3	200	5	195	0	195	家族に赤痢患者発生の出停４　入試１

（注）「総合所見及び指導上参考となる諸事項」の欄には，以下のような事項などを記録する。

① 各教科や総合的な学習の時間の学習に関する所見

② 特別活動に関する事実及び所見

③ 行動に関する所見

④ 進路指導に関する事項

⑤ 生徒の特徴・特技，学校内外における奉仕活動，表彰を受けた行為や活動，知能，学力等について標準化された検査の結果など指導上参考となる諸事項

⑥ 生徒の成長の状況にかかわる総合的な所見

小学校児童指導要録 （参考様式）

様式１（学籍に関する記録）

区分＼学年	1	2	3	4	5	6
学　級						
整理番号						

学籍の記録						
児童	ふりがな 氏　名	 平成　年　月　日生	性別		入学・編入学等	平成　年　月　日　第１学年 入 学 第　学年編入学
	現住所				転　入　学	平成　年　月　日　第　学年転入学
保護	ふりがな 氏　名				転学・退学等	（平成　年　月　日） 平成　年　月　日

者　現住所		卒業	平成　年　月　日
入学前の経歴		進学先	
学校名及び所在地（分校名・所在地等）			

区分＼年度・学年	平成　年度 1	平成　年度 2	平成　年度 3
校長氏名印			
学級担任者氏名印			

区分＼年度・学年	平成　年度 4	平成　年度 5	平成　年度 6
校長氏名印			
学級担任者氏名印			

様式２（指導に関する記録）

児童氏名	学校名	区分＼学年	1	2	3	4	5	6
		学級						
		整理番号						

各教科の学習の記録

Ⅰ　観点別学習状況

教科	観点＼学年	1	2	3	4	5	6
国語	国語への関心・意欲・態度						
	話す・聞く能力						
	書く能力						
	読む能力						
	言語についての知識・理解・技能						
社会	社会的事象への関心・意欲・態度						
	社会的な思考・判断						
	観察・資料活用の技能・表現						
	社会的事象についての知識・理解						
算数	算数への関心・意欲・態度						
	数学的な考え方						
	数量や図形についての表現・処理						
	数量や図形についての知識・理解						
理科	自然事象への関心・意欲・態度						
	科学的な思考						
	観察・実験の技能・表現						
	自然事象についての知識・理解						
生活	生活への関心・意欲・態度						
	活動や体験についての思考・表現						
	身近な環境や自分についての気付き						

総合的な学習の時間の記録

学年	学習活動	観点	評価
3			
4			
5			

音楽	音楽への関心・意欲・態度						
	音楽的な感受や表現の工夫						
	表現の技能						
	鑑賞の能力						
図画工作	造形への関心・意欲・態度						
	発想や構想の能力						
	創造的な技能						
	鑑賞の能力						
家庭	家庭生活への関心・意欲・態度						
	生活を創意工夫する能力						
	生活の技能						
	家庭生活についての知識・理解						
体育	運動や健康・安全への関心・意欲・態度						
	運動や健康・安全についての思考・判断						
	運動の技能						
	健康・安全についての知識・理解						

6	

Ⅱ 評 定

学年＼教科	国語	社会	算数	理科	音楽	図画工作	家庭	体育
3								
4								
5								
6								

特別活動の記録

内容	1	2	3	4	5	6
学級活動						
児童会活動						
クラブ活動						
学校行事						

行動の記録

項目＼学年	1	2	3	4	5	6
基本的な生活習慣						
健康・体力の向上						
自主・自律						
責任感						
創意工夫						
思いやり・協力						
生命尊重・自然愛護						
勤労・奉仕						
公正・公平						
公共心・公徳心						

出欠の記録

学年＼区分	授業日数	出席停止・忌引等の日数	出席しなければならない日数	欠席日数	出席日数	備考
1						
2						
3						
4						
5						
6						

児童氏名	

総合所見及び指導上参考となる諸事項			
第1学年		第4学年	
第2学		第5学	

年		年	
第3学年		第6学年	

（注）「総合所見及び指導上参考となる諸事項」の欄には，以下のような事項などを記録する。

①各教科や総合的な学習の時間の学習に関する所見

②特別活動に関する事実及び所見

③行動に関する所見

④児童の特徴・特技，学校内外における奉仕活動，表彰を受けた行為や活動，知能，学力等について標準化された検査の結果など指導上参考となる諸事項

⑤児童の成長の状況にかかわる総合的な所見

3　どう活用するか

「指導要録は、進学先への抄本又は写し、転校先への写しを作る時に使うぐらいで、それ以外にはあまり活用していないんですが。」
「そういう先生が、ほとんどのようです。しかし、新しく担任する子どもたちをできるだけ知りたいと、あらかじめ指導要録を見ている先生もおられるようです。特に参考になるのは、所見など、文章で書かれているところのようです。」

指導要録の活用の仕方

① 進学・就職の際には、抄本又は写し、内申書、調査書などの原本として、あるいは、転校の際には、写しの原本として、活用します。
② 入学、学級の編成替え、学級担任の交代、転入などの際、子どもたちをよく理解

するために活用します。この場合、指導要録をただ見るだけでなく、参考になりそうなところは、ノートなどに写しとっておく先生がいるようです。すばらしい先生といわれる人たちは、たえず、このように立派な心がけをもっているものです。

人権やプライバシーの侵害に注意

活用は積極的に行うべきですが、子どもや保護者の人権やプライバシーを侵害しないように注意する必要があります。閲覧をする時には、次のような点に注意してください。

① 閲覧する時には、必ず管理責任者の許可をえることです、おそらく閲覧簿があると思いますので、日時、目的、対象と、自分の氏名を記入してから、閲覧します。

② 閲覧の規程があると思いますので、それにしたがって閲覧します。

③ 目的、対象として記入した以外は、閲覧しないようにします。

④ 閲覧した内容については、記入した目的だけに活用し、他に活用しません。まして、他人にもらしてはいけません。

⑤ コピー、持ち出しは、必ず管理責任者の許可を受けて行い、それらは、他人には

絶対に見せてはいけません。

なお、本人や保護者からの求めがあれば開示する所がしだいに増えてきています。

＜参考資料＞

外部への証明とプライバシーの保護

――「アメリカのラッセル・セージ財団の研究結果」より――

第一に、要録の保管について、学校の責任者を任命し、これに要録の保管並びに公開や閲覧を管理する責任と権限を与える。次に外部公開については、段階的に考え、転校先や進学先の学校、法的責任と権限をもった教育委員会の教育長、その他裁判所等が令状をもって要録の提示を求めてきた場合などは、伝達・公開してもよいことにしている。

第二は就職その他外部からの依頼があった場合で、この場合はきびしくして、すべて両親――本人が成人に達していれば本人――の文書による承諾があった場合だけこれを公表するように勧告している。

ただし、以上のどの場合も、信頼性が十分証明されないものや、プライバシー侵害の危険の大きい部分は除く。以上のほかは、公表しないよう勧告している。

第11章　学級経営とその評価

1　学級経営とは

「各教科の指導も、道徳や特別活動の指導も、みんな学級経営に含まれるといわれると、教育活動は、なんでも学級経営になるという感じですが。」

「教育活動には、大きく分けると、各教科、道徳、特別活動などの指導のように、教育活動そのものと、子どもの理解、子どもたちの人間関係の改善、教室の環境整備などのように、教育活動を支える条件を整備する活動と、の二つがあります。学級経営は、狭義では、後者だけをいいますが、広義では、学級担任が、前者を行うのも含めます。学級の子どもたちのために、学級担任が行う指導は、なんでも学級経営に含まれるということになります。」

学級経営の内容

ある小学校の先生の学級経営案を見ますと、その項目は、次のようになっています。

①　学校の目標
②　学年目標
③　学級目標
④　指導の重点　教育課程、学習指導の重点、生活指導の重点
⑤　学級の実態
⑥　学級集団の編成と児童組織
⑦　環境整備
⑧　家庭との連絡
⑨　学級事務

④は、教育活動そのもので、⑤〜⑨は、それを支える条件です。したがって、これは、広義の学級経営にあたります。

また、ある中学校の先生は、学級経営の柱として、

①　生徒を理解する

②　学級を民主的な集団に組織する

③　保護者との連携をはかる

④　教室の環境を整備する

⑤　学級事務を処理する

の五つをあげています。

これは、教育活動そのものではなくて、いずれも、教育活動を支える条件の整備にあたります。したがって、狭義の学級経営にあたります。

小学校の場合は、学級担任は、教科担任でもありますので、教育活動そのものも、教育活動を支える条件整備も、一人でみんなやってしまうことが多いわけです。広義の学級経営になりやすいということです。その点、中学校は、学級担任は、特定の教科の担任でしかありませんので、教育活動を支える条件の整備が、主になりやすいということです。

学級経営の行い方

広義であっても、狭義であっても、それぞれの項目について、すべて計画をたて、行うのはもちろんですが、なかでも、その年度、その学期の重点目標を定めて、それに特に力を入れて行うことになります。

【具体例1】

A先生は、子どもにとって、学級を楽しい場にしたい、そのためには、毎日の学習内容がよくわかることがたいせつと、形成的評価を中心に、基礎・基本の徹底を重点にしました。目標の具体化表を作り、それにしたがって指導案を作りました。特に、ふつうの指導では理解が難しい子どもを予想し、それぞれの子どもに合った指導をあらかじめ準備をして、指導を徹底しました。ときに予想がくるい、準備しておいた手だてではうまくいかないこともありましたが、臨機に処置することによって、ほとんどの子どもが、わかるようになってきて、楽しい学級になってきたということです。

【具体例2】

B先生は、子どもにとって学級を楽しい場にするために、子どもをよく知ることがたいせつと、考えました。まず、観察、テスト、生活ノートと、知能検査、標準化学力検査、学習適応性検査、性格検査などの教育・心理検査とによって個人別に資料を収集、整理して、資料に基づく理解に努めました。その上で、一声運動と称して、すべての子どもに、一日最低でも一回は声をかけるようにしました。昼休みに、午前中声をかけた子どもを名簿でチェックして、午後は声をかけてない子どもに声をかけるようにしたわけです。声でふれあったということです。そのうちに、先生とだけでなく、子ども同士も、あいさつ、声かけが日常的に行われるようになり、なごやかな学級になっていったということです。

【具体例3】

C先生は、人間関係がうまくない子どもを、学級にとけこますことを重点目標にしました。まず、ソシオメトリック・テストを実施して、孤立している子ども、排斥されている子どもなどの発見をするとともに、それらの子どもといっしょに勉強したり、遊んだりしてもいいといっている子どもたちも選び出しました。そして、それらを考慮した、学習班、生活班を構成し、たえずいっしょに活動させるようにしました。中には、なかなか効果のあがらない子どももいましたが、目立ってよくなった子どもや、しだいによくなる気配を見せはじめた子どもが多かったということです。

まず、重点目標を定めること、そして、それを実現するための手だてを工夫し、計画をたてること、あとは懸命に行うことだということです。

【ミ　ニ　辞　典】

学校経営　学校の教育目標を達成するために、人的、物的、財政的、組織運営的条件を整備し、教育活動を計画・運営する営みをいいます。その評価は、目標の達成状況を手がかりに、反省して、次の学校経営の改善を行うことになります。これからは、学校評議員会などの第三者による評価も行われるようになります。

学年経営　学校の教育目標をふまえて、学年目標を設定し、その達成のために、学年内の人的、物的、財政的、組織・運営的条件を整備して、教育活動を計画・運営する営みをいいます。その評価は、学校経営と同様な手順で行います。

学級経営　学校経営、学年経営の一環として、学級の目標を設定して、学級内の人的、物的、財政的、組織・運営的条件を整備して、教育活動を計画・運営する営みをいいます。

2　学級経営の評価

「かなりの項目について計画をたて、実施していますから、ぜんぶ評価するのはたいへんなんですが。」

「教育活動は、計画（PLAN）、実施（DO）、評価（SEE）、つまりPDSから成っているといわれていますように、計画をたて、実施している以上は、評価をしないわけにはいきません。ただし、整理して、しぼって行うとか、重要なものはていねいに、他はややおおまかにと、重みづけをして行うとかすればよいわけです。」

重点目標の評価は不可欠

評価の手順と視点は、次の通りですが、重点目標については、何をおいても評価をしなければなりません。

(1)　事前の評価――目標・計画の設定について――

①　目標・計画は、事前に明確に設定しなければなりません。

当然のことですが、あらかじめ、しっかり設定されていなければならないということです。

②　目標・計画は、学校・学年の目標・計画と矛盾してはいけません。

学校の教育目標の一つが、「みずから考え、最後まで努力する子」、学年目標の一つが、「自習にめあてをもち、進んで仕事に取り組める子」、学級目標は、「人の話をよく聞き、進んで発表する。きめられた係りや班の仕事に責任をもつ」で、重点目標は、「意欲の向上」といったようにです。そして、計画も同様です。

③　学級の実情に合っていなければなりません。

たしかに、意欲に欠けている子が多いので、「意欲の向上」は、緊急の課題にふさわしいし、計画は、発達の実情、地域の実態などが、よく考慮されている、といったようにです。このためには、だれでも納得できる資料を収集しておく必要があります。

④　前年度の反省を生かします。

目標の設定についても、計画の作成においても、前年度の反省が生かされておれば、さらに良いものになることが期待できます。

(2)　途中の評価——実施の過程で——

計画を実施した時、それが良かった場合、子どもたちは、どんな行動を示すかを、あらかじめ考えておいて、途中でも評価をしたいものです。

例えば、「意欲の向上」であれば、子どもたちは、意欲的になった時には、次のような行動を示します。

①　自分でやっている——自主性

②　進んでやっている——積極性

③　集中してやっている――集中力

④　やりとげるまでやっている――持続力

これらを、見取って、「うん、うまくいってるぞ。」と、指導しながら評価し、評価しながら指導したいものです。うまくいっていない場合は、どうしてかを検討し、改善して次の展開をすることはいうまでもありません。

(3)　終わりの評価――成果の確認――

ふつう評価（SEE）といわれているのは、これにあたります。一週間、一か月、一学期、一学年というように、指導の一つのまとまりが終わったところで、さてどうだったかと成果を考えてみるわけです。

例えば「基礎・基本の徹底」ということであれば、基礎・基本についてテストをし、どれだけ習得しているかによって、評価します。

また、「意欲の向上」であれば、「意欲」について調査し、どれだけ意欲的になっているかによって、評価をします。

このような場合、事前の評価で、重点目標を設定するために子どもたちの実態が明らかにされています。この実態と比べて、進歩の跡を確認するのが、確かなやり方です。なお、「基礎・基本の徹底」にしても、「意欲の向上」にしても、あるいは「子どもの理解」にしても、さらに大きな目標「生き生き楽しい学級作り」のためであるなら、それぞれについて評価するだけでは不十分で、同時に、「生き生き楽しい学級になりつつあるか」も、評価しなければなりません。ただし、大きな目標については、一学期とか、一学年とかといったように、やや長期的な展望の中で、ゆったりと変化を見取ることがたいせつです。

このようにして、計画、実施、評価の一つの環は終わりますが、これらの反省で、次の改善があり、その改善によって、子どもたちが、さらによくなり、成長していくことを忘れないことです。

重点目標以外の評価も

重点目標以外の目標も、当然評価をします。その手順は、基本的には同じです。

(1)　事前の評価

目標・計画について、前に示したような視点で、一通りチェックして、うまくないところは改善してから、実施に入ります。

(2)　途中の評価

重点目標ほど、しっかり見取らなくても、「うまくいっている」という感触はえながら行うことです。「うまくいってないな」と感じたら、検討して改善の手を打つことは、いうまでもありません。

(3)　終わりの評価

目標の実現状況、目標へ向かっての進歩の状況などについての資料を集めて、それに基づいて評価をします。ただし、重点目標に比較すれば、やや粗い資料でもよいということです。

なお、必ず反省して記録し、それを次の改善のために生かすようにすることは、いうまでもありません。これによって、教師も成長し、したがって子どもも成長するということです。これが、評価の核心であり、すべての先生に心がけてほしいことです。重ねて述べておきたいと思います。

＜参考資料＞

学級経営評価の例 — 重点項目評価

◎…到達　○…普通　△…ややや努力

		5月	7月	9月	10月
学習・体力	話す人の顔を見て話を聞くことができる。	○	○	○	○
	自分の意見をはっきりと発表することができる。	△	○	○	○
	進んで自習ができる。	△	○	△	○
	毎日じゃがいもの観察ができる。	○	／	／	／
	読みとりが正しくできる。	△	○	○	○
	フルマラソンを継続する。	○	△	○	／
	班学習が協力してできる。（２学期）			△	○
	なわとびを継続する。（２学期）				○
生徒指導	正しい言葉づかいができる。	△	○	○	○
	気持ちのよいあいさつができる。	○	◎	◎	◎
	そうじが進んでできる。	○	○	○	◎
	忘れものがないように気をつける。	△	○	○	◎
	後始末がきちんとできる。（２学期）			△	△
	姿勢を正しくする。（２学期）			△	○
その他	障害をもつ友だちに対し思いやりの心で接することができる。	○	◎	◎	◎

（鳥取県米子市立車尾小学校）

投影法 ……………………………*146*
動機づけ …………………………**76**
道徳性検査 ………………………*143*

な　行

内容の要素 ………………………**41**
認知的領域 ………………………*41*

は　行

パーセンタイル …………………*144*
八年研究 …………………………**27**
発展的目標 ………………………*85*
PF スタディ ……………………*146*
非言語性検査 ……………………*102*
B 式検査 …………………………*102*
ビネー（Binet, A.） ……………*103*
ビネー式 …………………………*102*
PBT ………………………………*102*
評価目標 ………………**44, 47**, *66*
標準化学力検査 …………………*116*
　～の結果の活用法………………**138**
評定…………………………*27*, **30**
評定尺度 ……………………**30, 72**
ブルーム（Bloom, B.S.） ………**35**
プロフィール ……………………*144*
方向目標 …………………………**47**
ポートフォリオ評価 ……………**93**
補助簿 ……………………………*185*

ま　行

目標基準 …………………………*119*
目標基準準拠テスト ……………*119*
目標の具体化表 …………………*38*
問題場面テスト …………………**68**

ら　行

ロール・シャッハ・
　テスト ……………………………*146*
論文体テスト ……………………**67**

スモール・ステップの
　原理 ……………………………*79*
性格検査 ………………………*142*
精神運動領域 …………………*41*
正答率 …………………………*135*
絶対評定(評価) ………………*82*
　～の欠点と対策 ……………*84*
　～の段階基準 ………………**85**
　～の長所 ……………………*83*
絶対評定(評価)テスト ………*120*
総括的評価 ……………………**36**
相互評価 ………………………**60**
創造性検査 ……………………*149*
相対評定(評価) ………………*86*
　～の欠点と対策 ……………*88*
　～の段階比率 ………………**89**
　～の長所 ……………………*87*
相対評定(評価)テスト ………*118*
即時確認の原理 ………………**79**
ソシオメトリック・
　テスト ………………………*150*
ソーンダイク
　(Thorndike, E.L.) …………*26*

た　行

タイラー (Tyler, R.W.) ………*27*
多肢選択法 ……………………**67**
達成状況 ………………………*89*
妥当性……………………………**106**
他人診断形式 …………………*143*
他の子どもによる評価 ………**57**
単純再生法 ……………………**68**
チェック・リスト ……………**71**
知能 ……………………………*96*
知能構造…………………*108, 111*
知能指数 ………………………*108*
知能水準…………………*108, 110*
知能偏差値 ……………………*108*
通信簿 …………………………*156*
　～記入上の注意 ……………*167*
　～の内容・構成 ……………*162*
TAT ……………………………*146*
適応性検査 ……………………*143*
テスト ………………*24*, **64**, *65*
テスト技術 ………………**67, 71**
テストの予告 …………………*73*
テスト・バッテリー…………**120**
答案の返却 ……………………*76*

向性検査 ……………………*143*
行動の要素 ……………………**41**
行動目標 ……………………**46**
個人内評定(評価) ……………*90*
　〜の欠点と対策 ……………*92*
　〜の長所 ……………………*91*
言葉かけ ……………………*172*
子どもの自己評価 ……………**60**
　〜の他者評価 ………………**60**
個別知能検査 ………………*101*
混合式検査 …………………*102*

さ　行

作業検査 ……………………*145*
　サーストン
　(Thurstone, L.L.) …………*97*
座席表 ………………………*170*
CRT …………………………*119*
CAT …………………………*146*
CPT …………………………*146*
自己教育力 …………………**56**
自己教育力検査 ……………*151*
自己診断形式 ………………*142*
自己評価 ……………………**50**
実現の状況 …………………*135*
質問紙法 ………………*71, 142*
指導過程の評価 ………………*32*
指導目標 ………………*36, 47*
指導要録 ……………………*180*
　〜とプライバシー …………*201*
　〜の写し …………………*181*
　〜の活用 …………………*200*
　〜の記入の原則 …………*184*
　〜の原本 …………………*181*
　〜の抄本又は写し ………*181*
　〜の保存期間 ……………*181*
　〜の役割 …………………*180*
集団基準準拠テスト ………*118*
集団構造 ……………………*150*
集団知能検査 ………………*102*
縦断面的個人内評定(評価) …*93*
重点目標の評価 ……………*211*
情意的領域 ……………………*42*
成就値 ………………………*121*
職業適性検査 ………………*149*
真偽法 …………………………*67*
診断的評価 ……………………*36*
進歩主義教育協会 ……………*27*
信頼性 ………………………*107*
スポーツ・テスト …………*151*

索　引

あ　行

安全検査 ……… *151*
WISC ……… *102*
WIPPSI ……… *102*
WAIS ……… *102*
A式検査 ……… *102*
AB混合式 ……… *102*
SCT ……… *146*
NRT ……… *118*
横断面的個人内評定(評価) …**93**

か　行

学習適応性検査 ……… *121*, *149*
学籍簿 ……… *181*
学年経営 ……… **209**
学力構造 ……… *130*
学力水準 ……… *130*
学力偏差値 ……… *130*
学級経営 ……… *204*, **210**
　～の内容 ……… *205*
　～の評価 ……… **210**
学校経営 ……… **209**
完成法 ……… **68**
観点別学習状況 ……… *187*
基礎的目標 ……… *85*
客観テスト ……… **67**
教育測定 ……… *24*
教育測定運動 ……… *26*
教育評価 ……… **23**
教育目標の分類学 ……… *35*
教師作成テスト ……… *67*
ギルフォード
　(Guilford, J.P.) ……… *98*
ギルフォードの知能の
　立体模型 ……… **100**
クック (Cook, W.W.) ……… *51*
組み合わせ法 ……… **68**
クレペリン検査 ……… *145*
KR情報 ……… *79*
形成的評価 ……… **36**, *37*
ゲス・フー・テスト ……… **71**, *143*
結果の知識 ……… **79**
言語性検査 ……… *102*

先生シリーズ ⑤

評価を上手に生かす先生〔平成十四年版〕

昭和六十三年 七 月 十 日 初版第 一 刷発行
平成 十四 年 九 月 一 日 改訂増補版第 一 刷発行

著 者 ©石田恒好（いしだつねよし）
発行者 清 水 庄 八
発行所 株式会社 図書文化社
〒112-0012 東京都文京区大塚一の四の五
電話 〇三-三九四三-二五一一（代）
FAX 〇三-三九四三-二五一九
http://www.toshobunka.co.jp/
印刷所 株式会社加藤文明社
製本所 株式会社駒崎製本所

〔使用イラストはMPC『スクールイラスト集2・3』より〕
乱丁本・落丁本はお取替えいたします。
ISBN4-8100-2385-0
定価はカバーに表示してあります。

じょうずな勉強法

心理学
ジュニア
ライブラリ

こうすれば好きになる……………………麻柄啓一

01

北大路書房

心理学ジュニアライブラリ

01

じょうずな勉強法

こうすれば好きになる

麻柄啓一

北大路書房

目次

序章　この本を読むみなさんに
はじめに話しておきたいこと……5
勉強にはコツがある……／間違うことはいいことだ／私の間違い……流れ星って何だ？／テスト前の勉強は……／ゴロ合わせは効果的か？

基礎編

1章　記憶の実験から見えてくるものは……　……18
記憶の実験に挑戦／不思議な結果／わけを考えてみよう／知っている知識との結びつきが大切

2章　知識を結びつけることが大切なのだ……28
年号の記憶をふり返ると……／流れ星の場合はどうだろう／読者N君との会話／社会科と理科の知識も結びつく／理解すると忘れない／江戸時代の年貢のゆくえ／歴史用語を結びつけると……／ふろく

3章　学習観の大切さ……46
この答は何点か？／どんな学習観をもっているかが大切／教科書は〈知識の結びつき〉をむしろ重視している／学習観のチェックリスト

発展編

4章 わかり方の筋道——矛盾を乗りこえる ………………60
重い物と軽い物，どちらが先に落ちる？／簡単な実験をしてみよう／〈重力の大きさ〉と結びつけると／困ったらシメタと思え！／重い物はなかなか動かない／あらたな疑問が出てくる／勉強のコツのまとめ

5章 知識は使うための道具なのだ ……………………76
勉強は何のため？／わかりやすい文章を書くための知識／ちょっと脱線／敬語の使い方／微分は何のため？／理科の勉強では／ルールの例を日常生活で探す

6章 誤った知識とそこからの脱出 ……………………92
無知ではなくて「誤知」なのだ／チューリップにタネはできるか？／正しい知識が読み取れるか？／なぜ読み取れないのか調べてみると……／「どこがおかしいと感じるか」をハッキリさせる／人間はスッキリを求める／例題をやってみよう／質問することの大切さ

終章 最後のメッセージ 「日記」を作るつもりで勉強するといいのだよ ……………………………………109
百科事典と日記／家康はすごいやつか，いやなやつか／上司だったらだれがいいか／「日記」が成立するとき……／「回路」についての私の勉強／さまざまな疑問とその解決／知識はまず「日記」として成立する

序章

この本を読むみなさんにはじめに話しておきたいこと

◆―勉強にはコツがある……

みなさんはテストの前に「たくさんのことを簡単に覚える方法があればいいのになあ」と思ったことがありませんか。あるいは毎日机に向かって教科書を開いていて，「勉強がもっとおもしろければいいのになあ」とため息をついたことはありませんか。

この本はそのような人たちに読んでもらいたいと思って書きました。

きっと勉強について新しい発見がたくさんあります。

勉強についての見方が変わります。

テニスが上達するにしても，自動車を運転するにしても，コツがあります。自分のやり方でがむしゃらにやっているだけではダメです。勉強だって同じなのです。

じつは勉強のコツをきちんと知っている人はあまり多くいません。「毎日の積み重ねが大事だ」とか「復習をしっかりすることが大切だ」ということは知っていても，それだけではなかなかうまくいきませんし，勉強を好きになることもむずかしいのです。

この本には勉強のコツが書いてあります。ですからこの本を読むと，効果的な勉強方法が身につくはずです。それに，これはもっと大切なことなのですが，この本を１冊読み終えるころには，勉強がジワーッと好きになっているはずです。

この本はとても読みやすく書いてあります。それに読んでおもしろいはずです。だって，勉強が楽しくなるはずの本がつまらなかったら，おかしいじゃないですか。

◆―間違うことはいいことだ

この本にはいろんな「問題」が出てきます。学校ですでに習った人もいるでしょうし，まだの人もいるでしょう。どちらの人もそれらの問題に答えてみてください。

「間違えるとイヤだ」ですって。ああ，そういう考えの人もいるはずですね。ちょうどいい機会です。まず，間違いについてみなさんがどのように思っているかをはっきりさせてみましょう。次の質問に答えてみてください（これは今泉博さんという小学校の先生の考えをもとにして作った質問です[★1]）。

質問１　あなたは「間違うこと」についてどう思いますか。１つ選んでください。

(ア)　間違うのはいけないことだ。できるだけ間違わないほうがよい。

(イ)　人間だから間違うのは仕方がないことだ。間違ったからといって人をバカにしてはいけない。

(ウ)　間違うのは必要なことだ。間違うからこそ，より良くわかるようになる。

中学生や高校生の多くは，(ア)か(イ)を選びます。ちなみに学校の先生もそうです。(ア)の考えの先生より(イ)の考えの先生のほうが，子どもにとっては良い先生でしょうね。

(ア)を選ぶ人と(イ)を選ぶ人ではずいぶん考え方が違っているようですが，じつは，両者は似た面をもっています。それは，「本当は間違わないほうがよいのだけれど……」という考えをもっている点です。

心理学という学問があります。これまで心理学では人間や動物の学習について研究してきました。心理学でも以前はやはり「できるだけ間違わないほうがよい」と考えていました。しかし最近の心理学では違います。(ウ)のように考えるのです。間違うことが大切だし必要だと考えるのです。

このように考える人はまだ少ないのが現実です。じつは，学校の授業がおもしろくない原因の１つはここにあります。間違うと先生ににらまれたり，まわりからダメな生徒だと思われるなら，だれも自分の考えを言わなくなって当然です。でも，みなさんは心理学の新しい考え方に立って，ほかの多くの人たちの考え方よりずっと先を行きましょう。そういう人が増えることを私は期待しているのです。

というわけで，これから出てくる問題で間違ってもガッカリする必要はぜんぜんありません。間違うからこそよくわかるようになるのです。間違ったら「シメタ！」です。このように考えられるようになることが，勉強を楽しく行う大切なコツでもあるのです。

◆―私の間違い……流れ星って何だ？

私もたくさんの間違いをします。最近の例を問題の形にしてみなさんに出してみましょう。

問題1　みなさんは流れ星を見たことがあるでしょう。流れ星というのは，地球からどれくらい離れたところを動いていると思いますか。

(ア)　地球の表面近く

(イ)　(もう少し離れた) 月ほどの距離のところ

(ウ)　(ずっと離れた) 太陽系の一番遠い惑星である冥(めい)王星(おうせい)くらいの距離のところ

(エ)　(もっと離れた) ほかの恒星 (自分で光る星) のあたり

みなさんはどれを選んだでしょうか。流れ星はほかの光る星（恒星（こうせい））の間をスーッと動いて見えます。ですから，私はつい最近まで，漠然とですが，流れ星は何光年も離れた宇宙空間を動いているものとばかり思っていました。ですから，もしそのとき，この問題に出合ったら，(エ)を選んだはずです。

あっ，流れ星だ！

ちなみに「１光年」というのは光が１年間かかって進む距離のことです。太陽を出た光が地球に届くのに約８分かかり，冥王星から地球までは光の速さで約４時間ですから，「何光年も離れた宇宙空間」というのはものすごい距離になります。

ところがある人から，流れ星が地球からずっと離れた場所で移動しているというのは間違った考え方だと指摘されました。

エーッと思い，百科事典で調べようとしましたが手元にありません。そこで国語辞典を開きました。すると，「ながれぼし【流れ星】→りゅうせい（流星）を見よ」とあって（面倒なこと），「りゅうせい（流星）」のページを開くと，そこには次のように書いてあったのです。

> 流星：天体のかけらが地球の大気中に入った時，
> 　　　空気との摩擦によって発光したもの。

あらら，これは国語辞典にも載っていることだったのです。地球の大気圏に入るというと，せいぜい数10kmから100km程度の距離です。直径30cmの地球儀で考えると，表面からわずか数ミリ離れた場所でのできごとです。地球の表面でのできごとといってもさしつかえありません。最近〈獅子座流星群（ししざりゅうせいぐん）〉が話題になりましたが，あれも獅子座でのできごとではなくて，地球の表面近くでのことだったのか!?

私はこのことを知って驚いたのですが，他方では「なるほどなあ，そうだよなあ」という思いももちました。それはこういうわけです。もし流れ星が何光年も離れた遠くの場所で移動しているとすると，ピューッと流れた光のすじはものすごい距離になるはずです。やはり何光年というけたの距離になるでしょう。ところが実際には流れ星が移動するというのは，ほんの数秒間の

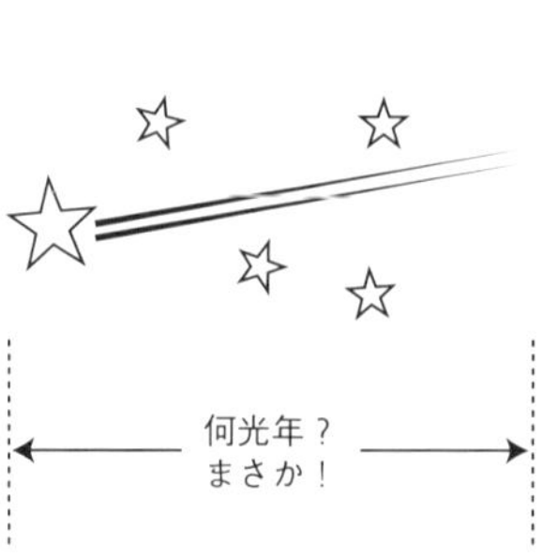

流れ星が動いた距離はどれくらい？

できごとです。星がそんな長い距離を数秒間で移動できるはずがありません。ですから，流れ星は地表近くのできごとだということは，あの流れ方を見ているだけでもわかるはずだったのです。

私は最近まで流れ星について誤解していたのですが，その誤解が解けたことはとてもうれしいことでした。それまで間違っていたからこそ，「うーん，そうだったのかあ」と印象深く学ぶことができたのです。そして「そういえばそうだよなあ」としみじみと納得できたのです。このようにして自分の知識が修正されていくことはじつにおもしろいことです。

ねっ，間違うっていうのも素敵なことでしょう？

「間違うと人からバカにされる」とか，いや「バカにしてはいけない」なんていう小さな世界を越えましょう。間違えることによって，私たちは印象深く学ぶことができるのですから。そして賢くなれるのですから。これが新しい心理学の考え方なのです。

◆―テスト前の勉強は……

次に，みなさんがどんな方法で勉強をしているかを検討してみましょうか。

テスト前の勉強を考えてみましょう。たとえば，「鎌倉幕府の成立は何年？」という問題に対して「1192年」と答えることができるように，また「リンゴがたくさんとれる県は？」に対しては「青森県」と答えることができるように，問題と答のペアを頭の中にたくさん覚えようとする人が多いでしょう。

心理学では**刺激**という用語があります。これはピリピリひりひり感じることではありません。私たちが見たり聞いたりした内容をすべて刺激という言葉で表します。ですから問題文を見て答える場合，その問題文が刺激にあたります。これに対して「解答」にあたるほうを心理学では**反応**といいます。ですから心理学の用語を使うと，試験の前には，刺激と反応の結びつきをたくさん頭の中につくろうとしているということができます。

１回で刺激と反応を結びつけることができれば楽なのですが，なかなかそんなにうまくいきませんね。すぐに忘れそうになるので，何回かくり返すことが大切になります。ただくり返すだけではなくて，もっと工夫をすることもあります。

◆―ゴロ合わせは効果的か？

みなさんは歴史の年号をゴロ合わせで覚えることがあるでしょう。

「イイクニ（１１９２）作ろう，鎌倉幕府」

「ナクヨ（７９４）坊さん，平安遷都（せんと）」

などがその例です。

これらの例は代表的なものですが，もっと小さなできごとの年代を覚えるためのゴロ合わせもたくさん工夫されています。なかにはかなり苦しいものもあります。でも単にできごとと年号をくり返し結びつけるよりは効果的だと考えられているのでしょう。ゴロ合わせを用いた記憶方法はよく使われています。

ところが西林克彦さんという心理学者は，このような勉強方法に問題を投げかけています。西林さんは次のような問題を大学生に出してみました[★2]。これは高校までに習ったはずの内容です。みなさんも答えてみてください（ただし中学校では「②三世一身法」は出てこないので，中学生の人は②を除いて考えてください）。

問題２　次のものを年代の古い順に並べてください。

①　墾田永年私財法
②　三世一身法
③　荘園の成立
④　班田収授法

正解は，④→②→①→③です。

西林さんは，大学生がこの問題をどれくらいできるかを調べただけではなくて，どのような方法でこれを勉強したかもあわせて調べました。

するとこの問題で正答できなかった人は，①～④の年代をゴロ合わせで覚えたという人たちだったのです。覚えてから時間がたつと肝心のゴロ合わせを思い出すことができなくなってしまい，その結果，①～④の前後関係がまったくわからなくなってしまったのです。代表的なものだけをゴロ合わせで覚えるのならともかく，たくさんのできごとのすべてをゴロ合わせで

「シーボルト来日」
ひとはにいさん
(1823)と呼ぶ
シーボルト
「大塩平八郎の乱」
ひとはみな
(1837)拍手で
迎える大塩さん
「蛮社の獄」
いやみぐ(1839)
ろくするな華山君
「レザノフ長崎来航」
いやおし(1804)
かった
レザノフさん
「ペリーの来航」
いやー ござん
(1853)なれ
ペリー殿.

ウッ，覚えるぞ！

覚えようとするのには無理があることがわかります。

ではこの問題で正答できた人は，どのような勉強方法だったのでしょうか。彼らの多くは，できごとのつながりをとらえながら勉強していたのです。

「班田収授法によって，人は生まれたら国から田んぼ（口分田）をもらってそこで米を作った（もちろん税をとられた）。そして死んだら国に返した」（④）

「ところが人口が増えて田んぼが不足した。そこで朝廷は開墾を奨励して，開墾した土地は三代に限り私有を認めた（つまり孫の代までその家のものにすることを認めた）」（②）

「しかしそれでもまだ不足したので，開墾をもっと

奨励するために，開墾した土地は永久に私有地として認めた」（①）

「その結果，貴族や寺社はたくさんの私有地をもつにいたった。これが荘園だ」（③）

このように，④②①③のできごとはお互いに密接な関連をもっているわけです。頭の中でこのような関連をしっかり押さえながら勉強した人は，大学生になってもそれを覚えていたのです。

みなさんの中には，ゴロ合わせは効果的だと思っていた人が多いのではないでしょうか。けれども西林さんの調査結果が示すように，もっと大切な勉強のコツがありそうです。この本ではそのような勉強のコツをいろいろ明らかにしていきます。

〈この本の効能・ききめ〉

＊勉強のコツをつかむことができるでしょう。

＊ジワーッと勉強が好きになるでしょう。

〈使用できる年齢〉

＊中学生から高校生までを念頭に置いて書きますが，大学生にもおすすめしたいです。とくに，先生をめざしている大学生の方には，教え方や学び方の参考になるでしょう。

〈使用上の注意〉

＊これからのページにも質問や問題が出てきます。まず自分で考えて答えてみてください。読み進むと答や解説が書いてありますが，それらをすぐに

読んでしまうとおもしろくありません。まずは，じっくり考えてみてください。
＊友だちといっしょに考えたり，友だちに出題してみるともっとよいでしょう。
＊間違うことは大切なのだということを忘れずに。

基礎編

1章

記憶の実験から見えてくるものは……

前の章では，歴史上のできごとの前後関係をどれくらい覚えているかという話をしました。さてここでは，もっと単純なことを覚える場合について考えてみることにしましょう。最初に，みなさんに簡単な記憶の実験を体験してもらうことにします。これはギブソンという心理学者の実験をヒントにして，私が作ったものです。

◆—記憶の実験に挑戦

次のページの図1には7個の線画が描いてあります。これは砂の上を虫が這った跡を示しています。それぞれの下にはカタカナの2文字が書いてあります。これはそれぞれの「虫が這った跡」に名前をつけたものです。

みなさんはこの図を30秒間見て，「虫が這った跡」と「その名前」をペアにしてできるだけたくさん覚え

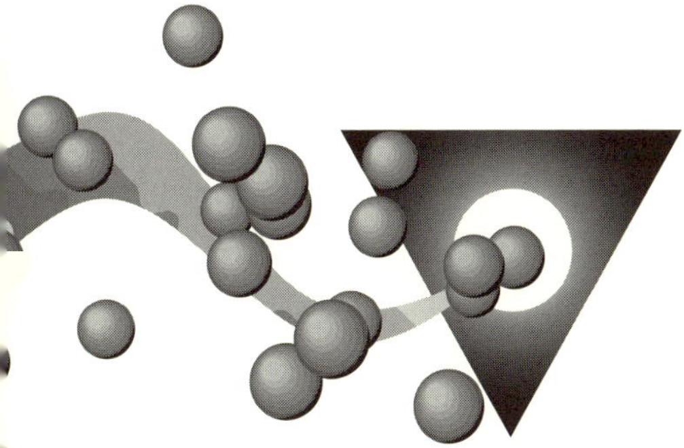

てください（時間をはかってくれる人がいると便利ですから，友だちと交代でやってみてください）。

30秒たったら見るのをやめて，次のページを開いてください。そこには「虫が這った跡」だけがありますから（図２），その名前を思い出して下に書き入れて

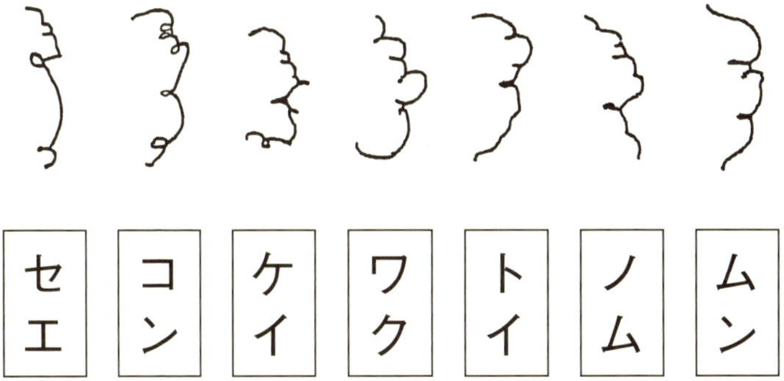

図１　いくつ覚えられるかな（時間は30秒）

みてください。ただし並んでいる順番は変えてありますから，並んでいる順番に名前を覚えてもむだです。「虫が這った跡」と「その名前」をペアにして覚えなくてはなりませんよ。

どうでしたか。30秒というのは短いので，あまりたくさんは覚えられなかったかもしれませんね。もう１度やってみましょうか。いま書き入れた解答を消してから，また30秒間図１を見て，同じことをやってみてください。

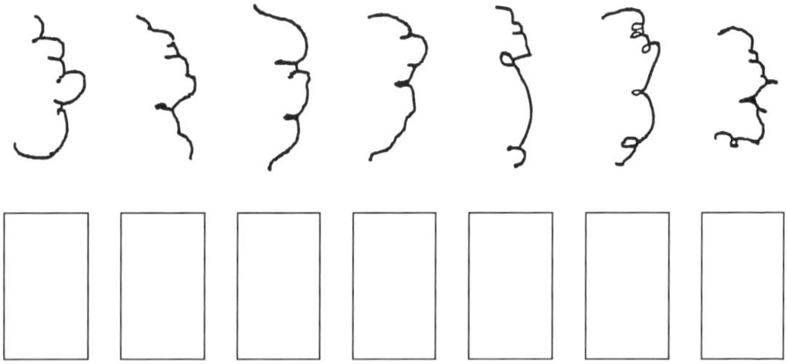

図２　名前を思い出して書き入れよう

今度はどうでしたか。覚えていた量は増えたことでしょう。この実験を20人ほどの大学生にやってもらうと，１回見ただけで覚えている平均はだいたい２個前後でした。もちろん，人によっては４個覚えている人もいますし，１つも覚えられなかったという人もいました。それらを平均するとだいたい２個前後でした。

そして，２回めには平均が４個より少し多いくらいでした。

今の実験では，虫が這った跡の線画が「問題」となって示されていて，その名前が解答すべきことがらになっています。くり返すことによって，線画（問題）と名前（解答）の結びつきが強まったわけです。

今度は別の実験をしてみましょう。

下の図３にも７個の線画があります。これは人の横顔を示しています。それぞれの下にはカタカナ２文字が書いてあります。これはその人の名前です。この図を30秒間見て，「人の横顔」と「その名前」をペアにしてできるだけたくさん覚えてください。30秒たったら見るのをやめて，次のページを開いてください。そこには「横顔」だけがありますから（図４），その名前を下に書き入れてみてください。並んでいる順番は

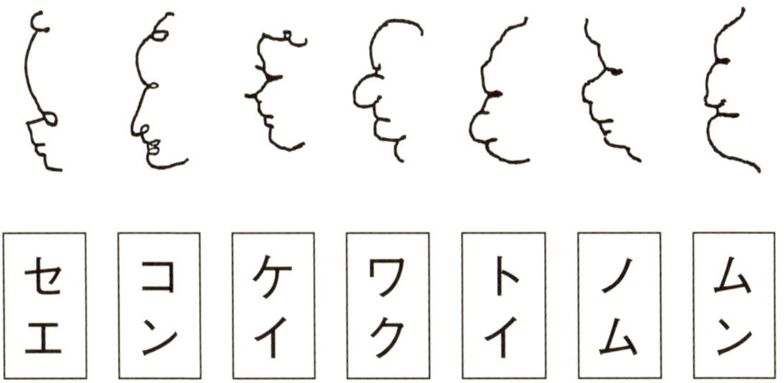

図３　今度はいくつ覚えられるかな（30秒）

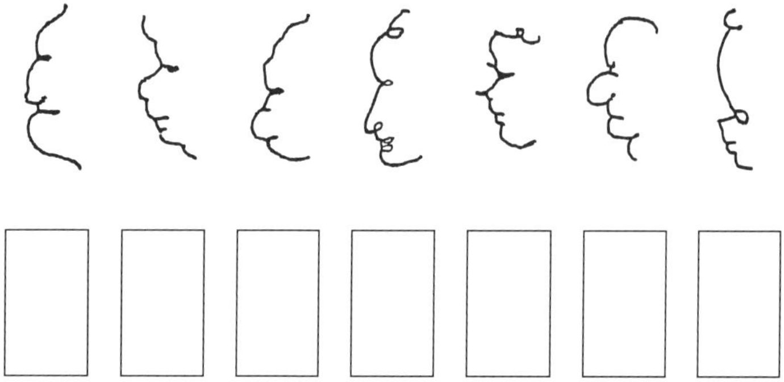

図4　名前を思い出して書き入れよう

替えてありますから，名前を順番に覚えてもむだです。やはり「横顔」と「名前」をペアにして覚えなくてはなりません。

図3を見て「アレッ？」と思った人もいたかもしれません。カタカナの名前が同じです。じつは，名前が同じだけではなくて，上の線画も同じなのです。180度回転させて上下逆にしただけなのです（虫が這った跡を逆にして見ると横顔になります）。

「虫が這った跡」と「その名前」をペアにして覚えるのと，「人の横顔」と「その名前」をペアにして覚えるのと，どちらが覚えやすいでしょう。これがこれから考えてみたい問題なのです。みなさんには両方の実験を経験してもらいましたが，この問題を検討するには，それぞれの実験を別の人たちにやってもらうほうがよいのです。なぜなら，カタカナの名前が同じなので，同じ人が続けて実験をやると，前の実験のときのカタカナの名前を少し覚えているので有利になるからです。

別の人たちにやってもらった結果を紹介しましょう（図５）。これも大学生20人にやってもらいました。１回（最初の30秒間）見ただけだと，覚えている平均はだいたい４個より少し多いくらいでした。２回めには平均が６個前後に増えました。１回めも２回めも，「虫が這った跡」だと言われた場合より２個ほど多く覚えることができたのです。

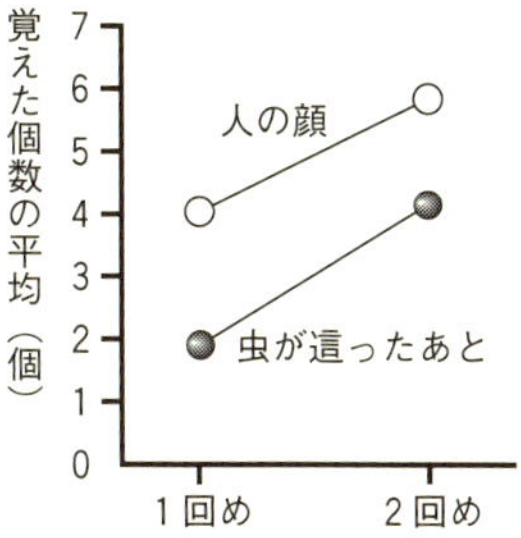

図５　覚えた量はこんなに違った！

◆─不思議な結果

これは，考えようによってはじつに不思議な結果なのです。なぜならどちらの場合も，線画と名前をペアにして覚えてもらったわけですが，線画は（向きが違うだけで）同じものでした。こういう場合「物理的にはまったく同じ線画である」といいます。またカタカナの名前も同じでした。覚える時間も同じでした。ですから覚えることができる量は，どちらもほぼ同じになってもよいはずだからです。

ところが実際には，覚えることができる量には違いがありました。なぜこのような違いがあるのでしょう。私はこの実験をやったあとで，大学生にその理由を考えてもらっています。みなさんも考えてみてください。友だちと相談していろいろな考えを出してみてください。

なぜこれを考えてもらいたいかというと，勉強について新しい見方ができるのではないかと思うからです。問題と答を結びつけるには（刺激と反応を結びつけるには）くり返しが必要だということはみなさん知っています。だからテストの前にはくり返して覚えようとするわけです。たしかに「虫の這った跡」でも，「人の横顔」でも，1回め（30秒見た後）よりも2回め（さらに30秒見た後）のほうが，覚えていた量は実際に増えました。けれども1回めどうし，2回めどうしを比べた場合に，なぜ「人の横顔」のほうがたくさん覚えていられるのでしょう。勉強をうまく行う原理（コツ）が何かここに隠れていると思いませんか。

◆—わけを考えてみよう

一番よく出される理由は次のようなものです。

「私たちは人の顔と名前をペアにして覚える経験をこれまでに何度もしてきている。だから覚えやすい。それに対して虫の這った跡と名前をペアにして覚える経験をしたことがない。だから覚えにくいのだ」

しかし，これではまだ不十分な理由なのです。なぜなら，人の顔と名前を覚えた経験があるとはいっても，図3のトイやワクを知っていて，「ラッキー，隣りの家のトイ君にそっくりだ。これで覚える量が1つ減ったぞ」というように有利にはたらいたというわけではないでしょう。これらは初めて見る顔のはずです。虫の這った跡も同じように初めて見る図柄（ずがら）です。「初めて見る」という点で両者の条件はまったく同じなのです。

図3の横顔をそれぞれ覚えるとき，みなさんはどういう方法を使いましたか。おそらく「ワクは団子鼻だ」とか「セエはおでこが広い」「ケイは女の子っぽい」のように特徴をとらえようとしたでしょう。これに対して図1の虫が這った跡の場合は，「鼻がこうだ」「おでこがどうだ」という特徴の押さえ方はできません。なぜならその部分は，鼻やおでこではないのですから。

どうやらここに違いがありそうです。私たちは人の顔の特徴のとらえ方を知っています。「鼻が（高い，低い，団子鼻だ，上を向いている……）」「目が（大きい，小さい，ぱっちり，細い……）」「全体の印象が（こわい，やさしい，女っぽい，男っぽい……）」などなどです。このようなとらえ方をすでに知識としてもっているわけです。ですから図3の顔に接すると，このようなとらえ方を使って，それにあてはめて見ているわけです。

これに対して，私たちは虫が這った跡のとらえ方をほとんどもっていません。「下のほうがなだらかな曲線になっている」とか「右にカーブしている」のようにしかとらえられません。同じ部分を「おでこが広い」とコンパクトにまとめてとらえるのとは大きな違いです。

◆―知っている知識との結びつきが大切

「顔の特徴のとらえ方」というのは，私たちがすでに頭の中にもっている知識の一種です。ですから，うまく覚えるためのコツを今の実験から引き出すとしたら次のようにならないでしょうか。

> 覚えようとする内容を，すでに知っている知識と結びつけると覚えやすい。

これは心理学で**有意味学習**とよばれている考え方です（この言葉を覚える必要はありませんよ）。私たちは「虫が這った跡」の特徴をとらえる知識をあまりもっていませんでした。ですからそれを覚えようとしても頭の中の知識と結びついてくれないわけです。このような場合はついつい強引に頭の中に詰め込もうとします。こういう学習を心理学では**機械的学習**とよんでいます。機械的学習は効果が少ないわけです。このことをわかってもらいたかったので，みなさんにこの記憶の実験をしてもらったのです。以上のことを図 6 にまとめてみましょう。

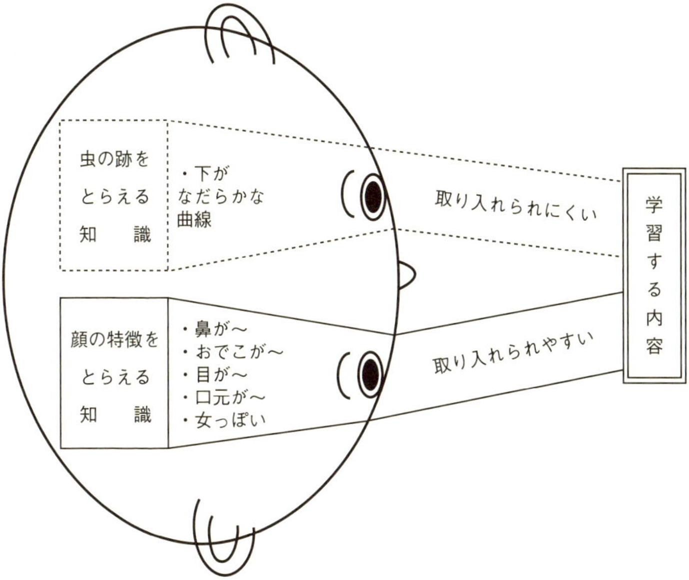

図6　頭の中を見てみると……

2 章

知識を結びつけることが大切なのだ

◆──年号の記憶をふり返ると……

１章では記憶の実験をして，そこから勉強のコツを１つ引き出しました。それは，「覚えようとする内容を，すでに知っている知識と結びつけると覚えやすい」というものでした。

この本の最初に，「班田収授法」から「荘園の成立」までを時代順に並べる問題がありましたね。ゴロ合わせに頼った人は時間が経つとそれを忘れてしまいました。ところが頭の中で前のできごととの関連をしっかり押さえながら勉強した人は，大学生になってもそれを覚えていたのです。

ここにも，この勉強のコツがはたらいているわけです。つまり「班田収授法」のことを勉強したら，それとしっかり結びつけて次の「三世一身法」を勉強する。その次には頭の中にある「班田収授法」「三世一身法」の知識と結びつけて「墾田永年私財法」を勉強する。

さらにその次にはそれらと結びつけて「荘園の成立」を勉強する。そのような勉強は面倒だなあと思う人がいるかもしれませんが，このように勉強すると，ずっと覚えていることができるのです。

　このような勉強方法だと，「勉強しなくてはならない量が多くなってたいへんだ……」と不安になるかもしれませんね。私たちは勉強する内容量が少なければ少ないほど楽だと考えがちです。でもそれは，お互いに関連をもたないバラバラの内容をやみくもに頭に詰め込もうとする場合なのです。一方，関連をもつ内容を結びつけながら学習すると，勉強する量は増えますが，そのことによってしっかりした勉強になるのです。これが心理学の考え方です。そしてどの教科をとってみても，そこで学習する内容はお互いに関連づくものなのです。

◆──流れ星の場合はどうだろう

それでは，私が自分の間違いに気づいた流れ星の場合はどうでしょう。あそこにも同じ勉強のコツがはたらいていたのでしょうか。

私は，流れ星は宇宙のかなたでのできごとなのではなくて，地球の大気圏での現象だということを勉強しました。ところが私はこの新しい知識を自分の頭に取り入れただけではなかったのです。あのとき私は「なるほどなあ，そうだよなあ」と思ったと話しましたね。あれは，いま勉強した知識をすでにもっていた別の知識と結びつけたからだったのです。つまり，「流れ星は地球の大気圏での現象だ」という私にとっての新しい知識は，「天体のかけらが長い距離（何光年という距離）を数秒間で移動できるはずがない」というすでにもっていた知識と結びついたのです。

では私はなぜ，「天体のかけらが長い距離（何光年という距離）を数秒間で移動できるはずがない」という知識をもっていたのでしょう。これは私がもっていた別の知識から生み出されているのです。私は「スピードが一番速いのは光である」「その光でさえ太陽から地球まで届くのに何分もかかる」ということを知っていました。だから「天体のかけらが長い距離（何光年という距離）を数秒間で移動できるはずがない」ということがわかったのです。

こういうわけで，「流れ星は地球の大気圏での現象だ」という新しい知識を知ったときに，私は「なるほどなあ，そうだよなあ」としみじみと思ったのでした。ですからこの場合も，さっきの勉強のコツがはたらいていたことになりますね。私は流れ星が地球の大気圏でのできごとだということを，とても印象深く勉強することができました。きっとこれから何十年たっても忘れないでしょう。

◆──読者N君との会話

N君　前の章でやった実験ですけど，「虫が這(は)った跡」と言われると，ぼくもほとんど覚えられませんでした。「人の顔」の場合はまあまあでした。顔だから覚えやすいのはあたりまえだと思ったんですが，じつは，深いわけがあったんですね。

筆者　そうなんだ。「そんなのあたりまえだ」ですますと残念だから，あんなにこだわったんだよ。

N君　ぼくたちがすでにもっている知識を利用して，それと結びつけていたから覚えやすいというのは，なるほどなあと思いましたよ。

筆者　お～，そう言ってもらうとうれしいなあ。

N君　でも，顔と名前をペアにして覚える場合と，流れ星が地表近くでの現象だということを知る場合では，何かが違いますよね。名前の場合は「覚える」っていうけれど，流れ星が地表近くの現象であることを「覚える」っていうのは何か変じゃないですか。

筆者　そうだよね。いいことに気づいたなあ。流れ星の場合は「覚える」というより「理解する」という言葉のほうがピッタリくるでしょ。

N君　うん，そうですね。でも「理解する」場合にしても「覚える」場合にしても，どっちも頭の中にある別の知識と結びつけることが大切だってことですね。
筆者　そうそう。そして理解できた場合は，「わかった」とか「なるほど」とか「おもしろいなあ」と思うことができるでしょう。だから，別の知識と結びつけると単に忘れにくいということだけではなくて，もっと勉強がおもしろくなるんだっていうことを強調したいんだなあ。
N君　理解することについて，ほかにも何か例がないですか。
筆者　そうだねえ，じゃあもう１つ例をあげてみようか。

◆──社会科と理科の知識も結びつく

知識を結びつけるということを別の例で見てみましょう。次の問題に答えてみてください。

問題３　暖流と寒流では，よい漁場になりやすいのはどちらでしょう。
(ア)　暖流　　(イ)　寒流

問題４　水に溶ける気体の量は，水の温度が高い場合と低い場合では，どちらが多いでしょう。
(ア)　水温が高い場合　　(イ)　水温が低い場合

問題３については，(ア)の暖流のほうが魚が住みやすいと考える人が多そうですが，答は「寒流」です。日本近海では千島海流（寒流）は親潮とよばれていますね。これは魚がたくさん生息しているからついた名前です。社会科の授業で習った人も多いはずです。

他方，問題4の答は「水温が低い場合」です。砂糖や塩のような固体は水温が高いほどたくさん溶けますが，気体の場合はこれとは逆です。お湯を沸かすと，しばらくして小さな泡がブツブツ出てきますね。あれは温度が高くなると気体の溶ける量が減るので，溶けきらない分が泡になって出てきたわけです（沸騰しているときにボコボコ出る泡は，水が水蒸気になっているもので，これとは違いますよ）。

さて，学校ではこれら2つの知識は社会科と理科で別べつに教えられます。ところがこれらの知識は，じつは結びつくんです。なぜ寒流のほうがよい漁場になるかというと，水温が低いのでたくさん酸素が溶けているからなのです。北のベーリング海の冷たい水と赤道付近の暖かい海では，水に溶けている酸素の量が2倍くらい違います。だから寒流にはたくさんの魚が生息できるのです。

酸素がいっぱいだ

このように知識が結びつくと「なるほどなあ」と思いませんか。これが勉強のおもしろさなのです。まあ地味なおもしろさですけれどもね。

この場合は,社会科と理科の知識が結びつきました。ふつう学校では社会科の先生と理科の先生は別です。だから別の科目の授業内容と結びつけることはあまりないかもしれません。

でもガッカリしないでください。こうすればよいのです。それは疑問や違和感を口に出して表現してみることです。この例の場合でいうと，社会科の時間に千島海流がよい漁場となっていることを習ったとしますね。そのとき，千島海流は寒流で冷たいのに，なぜそんなところに魚がたくさんいるんだろうという違和感や疑問をもちませんか。あるいは，そこまではっきりした疑問ではなくても，「何かしっくりこないなあ」と感じませんか。それを口に出してみるのです。すると友だちも「オレもだよ」と言って，はっきりとした形で疑問を表現してくれるかもしれません。そして生徒からそういう疑問が出れば先生は答えてくれます。もしすぐには答えられない場合にはきちんと調べてくれます。なぜなら先生というのは，生徒がそういう疑問を出してくれることをとても大切に思っているからです。ですから，「なぜ？」という素朴(そぼく)な疑問や違和感を口にしてみること，それが知識を結びつけるきっかけになるのです。このことを覚えておいてほしいのです。

話をもとにもどしましょう。学ぶということは，ある知識が，それまでもっていた別の知識と結びつくことだということを見てきました。そしてこれは，楽しく勉強するための大事なコツでもあるわけです。知識を結びつけるという点では，先の覚える場合のコツ（26ページ）と似ていますが，ここでは「楽しさ」を強調しておきます。

ある知識が，すでに知っている別の知識と結びつくと，「なるほど」「おもしろい」と感じる。

◆――理解すると忘れない

電気の勉強が苦手だという人がいます。覚える法則がいっぱいあってゴチャゴチャしてわからなくなるという話をよく聞きます。

オームの法則というのがありますね。電圧，電流，抵抗の関係を表したもので，電気の勉強の基本となる法則です。この名前を見るだけで「ヤダー」となる人もいるのですが，ちょっと待ってください。これまでに見てきた勉強のコツを応用してみましょう。

みなさんはオームの法則をどういう形で記憶しようとしましたか。教科書には「E＝I×R」という式が出てくるので，これをそのまま覚えようとする人が多いようです。けれども，この式を頭に詰め込んだとしても，後で「あれっ，Eって何だっけ？　Iって何だっけ？」ということになりがちです。ですから，ここはアルファベットではなくて日本語で覚えておくほうがよいのです。

さてその場合に，みなさんは次の①と②のどちらの形で覚えますか。念のため言っておくと，①の式を変形すると②の式になるわけですから，これらはどちらも正しい式なのです。

$$①\text{電圧}=\text{電流}\times\text{抵抗} \qquad ②\text{電流}=\frac{\text{電圧}}{\text{抵抗}}$$

「E＝I×R」を日本語に翻訳すると「電圧＝電流×抵抗」ですから，①の式を覚えるという人が多そうです。しかしここで考えてみてください。この法則は「電流に抵抗をかけると電圧になる」ということです。「電流に抵抗をかける」なんてイメージできますか。もしイメージできないとしたら，この法則はみなさんの頭の中のなんらかの知識と結びついていないということなのです。このような場合には，①の法則を強引に頭の中に詰め込まざるを得ません。これでは機械的学習になってしまいます。先ほどの実験で「虫が這った跡」を強引に覚えようとしたときと同じように。

では②の表現ではどうでしょう。これを「電圧を抵抗で割ると電流になる」ととらえると，やはり何のことかわかりません。じつは，②は分数の形で書いてあるのがミソなのです。

分数の場合は，「分子が大きいほどその分数の値は大きいし，逆に，分母が大きいほどその分数の値は小さい」という知識を私たちはもっています。その知識と結びつけて②を見てみましょう。電流を大きくするにはどうすればよいでしょう。〈分子〉の電圧を大きくすればよいということがわかります。あるいは〈分母〉の抵抗を小さくしてもよいですね。電流を小さくする場合は逆に，〈分子〉の電圧を小さくすればよいですし，〈分母〉の抵抗を大きくしてもよいですね。このような関係がすぐに見てとれます。

「電流を大きくする場合」や「小さくする場合」を考えたのは次のようなわけからです。電流というのは電子の流れです。回路の中をたくさんの電子が流れると豆電球は明るくなるし，モーターは速く回ります。ですから電気を使って仕事をさせる場合，電流を大きくしたり小さくしたりというのは基本の操作です。たとえばある工作をしていて，1.5ボルトの乾電池１個で豆電球をつけたのでは明るさが不十分だとします。もっと電流を増やして明るくするにはどうしますか。乾電池を１個追加すればよいですよね。こういう電池遊びはみなさんもしたことがあるでしょう。この場合，乾電池を２個にしたので電圧は増えて３ボルトになっています。これが②の公式で表されていることなのです。逆に，その回路に豆電球を２個（直列に）つけると豆電球は暗くなりますね。これは抵抗が大きくなったからです。このような遊びをした経験があれば②の公式とすぐに結びつきます。

オームの法則は①②のどちらの形でも表現できます。これらは数学的には同じことです。しかしいま見てきたように,②の表現のほうが理解しやすいのです。これは私たちがすでにもっている「分数の知識」と結びついているからです。さらに,乾電池を増やしたり減らしたりした電池遊びの経験とも結びつくからなのです。このようにほかの知識と結びつけてオームの法則を勉強すると,「なるほどなあ」と理解もできるし,なかなか忘れないものになるのです。

応用例を紹介しましょう。これは高校の物理の内容なので,中学生の人は読み飛ばしてもかまいません。

力学の基本的な公式に,F＝maというのがあります。日本語に翻訳すると,「力＝質量×加速度」となります。何のことかわかりにくいですね。これをオームの法則のときと同じように分数の形に直してみましょう。

$$加速度=\frac{力}{質量}$$

この式で考えてみましょう。この式だと,力を大きくすれば加速度は大きくなることがわかります。そして「そりゃそうだ」と納得できます。車のアクセルを踏むと加速しますからね。また重い物ほど加速しにくいという読み取り方ができます。これも「そうだよなあ」と納得できます。大きくて重いバスやトラックは急発進できません。発車するときはノロノロとです。

このような経験と結びつくと上の式は「うん，そうだよなあ」と納得しやすくなりませんか。

あることを勉強するとき，くり返しだけに頼ってそれを頭に詰め込もうとするか，それともすでにもっている知識に結びつけて勉強するかの違いがおわかりいただけたのではないでしょうか。

◆─江戸時代の年貢のゆくえ

知識を結びつけることが大切だということはわかっても，なかなかその通りにできないのが人間というものです。どうすればよいかというと，具体的な例をいくつも知って，「ああ，こういうところでも知識が結びついていないんだなあ，でも，ここでも知識を結びつけて学習できるんだな」ということを知ることが大切です。

そこで最後に再び歴史の勉強で考えてみましょう。江戸時代の政治のしくみを取り上げてみます。次の問題5に答えてみてください。もちろん間違ってもかまいません。

問題5　加賀百万石(ごく)の殿様は前田家です。加賀の農民の差し出した年貢はだれの手にわたったでしょう。

(ア)　農民の差し出した年貢は前田家のもの。
(イ)　農民は前田家と徳川家の両方に年貢を納めた。
(ウ)　農民は前田家に納め，前田家はその一部を徳川家に納めた。

大学生に質問すると大部分の者が(ウ)を選びます。しかしこれは間違いなのです。徳川幕府は全国の大名から年貢を集める力はもっていません。正解は(ア)なのです。みなさんの中にも(ウ)を選んだ人が多かったのではないでしょうか。

江戸時代というのは地方分権がかなり行われている時代です。たとえばある藩の中だけで通用するお金がありました。藩札(はんさつ)といいますね。これが良い例です。でも藩札(はんさつ)だけではないのです。たとえば，徳川家はほかの藩で起きた事件に対して警察権を行使することはできません。それに全国から軍隊を組織する力ももっていないのです。

何か不思議な気がしますね。テレビ番組『水戸黄門』では，格さんが印籠を取り出すと，それを見たまわりの人は「ハハーッ」とひれ伏します。全国どこへ行っても印籠の威力は絶大に見えます。

水戸藩は徳川御三家の１つです。水戸黄門は先(さき)の副将軍ですから，徳川幕府の中心的人物だった人です。だからテレビ番組で「この印籠が目に入らぬか」「ハハーッ」を見ていると，徳川幕府の力のすごさを感じてしまいます。

その徳川幕府が，全国の大名から年貢を集める力をもっていないし，全国から軍隊を組織する力ももっていないとは意外でしょう。学校の授業ではそんなこと

「この印籠が目に入らぬか」「ハハーッ」

習わなかったぞと思った人もいるかもしれませんね。

◆―歴史用語を結びつけると……

私は何人かの大学生に，高校生のときに教科書をどんなふうに使って勉強したかを聞いてみました。すると，「教科書にはいろんな歴史用語が出てくるので，試験勉強をするときにはそのような用語の意味をしっかりと頭に入れようとした」という答が返ってきました。

用語の意味を勉強しようとしているのだから，正しい勉強法だと思う人が多いでしょうね。その点をもう少し検討するために，江戸時代と明治時代から，歴史用語をいくつか拾って並べてみましょう。

＊天領…幕府直接の支配地で450万石。これが徳川幕府の収入にあたる。

＊参勤交代…徳川幕府が諸大名を江戸と国元に一定期間ずつ交代で住まわせた制度。
＊廃藩置県…1871年明治政府は藩を廃止して県を設置した（３府72県）。中央政府任命の府知事・県令を派遣した。
＊中央集権…政治上の権限が中央政府に集中していること。

さて，ここで大切なのは，それぞれの用語の意味を頭の中に詰め込むことではありません。そのようにして詰め込んでも，それらの用語は頭の中でバラバラの状態であるだけで，お互いに結びついていません。これではやはり機械的学習です。ですから，先の問題５（年貢のゆくえ）では正しく答えられなかったのです。

これらの歴史用語の間につながりをつけてみましょう。

徳川家の収入は直轄地（ちょっかつち）の天領からのもので約450万石（ごく）にのぼります（これとは別に，家来である旗本の領地の分の収入が約250万石ありますから，合計すると約700万石になります）。徳川家はほかの大名の経済力を弱めたかったのです。そのための政策の１つが参勤交代でした。参勤交代によって各大名はたいへんな経済的負担を負ったのです。それに江戸に妻子を住まわせているのは人質にとられているようなものです。徳川家に反抗することもできません。

徳川家が全国の大名から年貢をとれるなら，また各藩に徳川の軍隊（警察）を置いてにらみを利かせることができるなら，参勤交代は不要なのです。そうではなかったからこそ，参勤交代の制度をつくったわけです。

少し補足をしておきます（面倒な人はこの部分を飛ばしてください）。8代将軍吉宗は幕府の財政難を乗り切るために，1万石の石高につき米100俵の割合で米を差し出すよう大名にお願いしています（「上げ米の制」といいます）。その代わり参勤交代で江戸に滞在する期間を半分に短くしました。9年間だけ行われた例外的な制度でした。

話を続けます。徳川幕府もできなかったことをやったのが明治政府なのです。全国から税金を集め，また全国から集めた兵隊で軍隊を作りました。警察権力を全国に徹底させました。廃藩置県を断行して府知事や県令を全国に派遣したのは，日本全国が中央政府の命令を聞くようにするためでした。「藩」から「県」に名前が変わったという表面的な変更ではないのです。このようにして中央集権国家（政治上の権限が中央政府に集中している国）をつくって外国から日本を守ろうとしたのです。

ですから，明治政府は徳川幕府よりはるかに強く大きな力をもっているわけです。ただし誤解がないようにいっておくと，江戸時代は完全な地方分権の時代なのではありません。というのは，戦国時代は終わり日本は統一されて中央政府ができているのです。ですから徳川家は，全国から年貢を集める力はもっていませんが，参勤交代の命令を出したり，武家諸法度のような法律を出したりする権限はもっていたわけです。

さて，これで「天領」「参勤交代」「廃藩置県」「中央集権」という４つの知識が結びつきました。「ああ，ここでもちゃんと知識が結びつくんだ」と思ってもらえたらうれしいですし，「自分もそういう勉強をしよう」と思ってもらえたら最高です。

◆─ふろく

歴史用語が頭の中でこのように結びつくと，この場合も「なるほどなあ」「そういえば」といろんな感想が生まれてきそうです。たとえば，

＊「そうか江戸時代の日本は“連合国家”だったんだ」
＊「そうか，だから江戸時代に幕府はたくさんの隠密（おんみつ）（忍者）をほかの藩にひそかに潜らせて，情報を集めようとしたんだ」
＊「明治政府っていうのはなんて強い政府なのだ」

また，このような感想だけではなくて，不思議に思うことや疑問も生まれそうです。たとえば，

＊「豊臣秀吉が全国を統一したっていうけれど，秀吉も全国から年貢を集める力はなかったわけなの？」
＊「秀吉は全国で太閤検地を行ったとあるけれど，これは全国から年貢をとるためではなかったの？」
＊「それならなぜ全国統一っていうんだろう？」
＊「豊臣家にしても徳川幕府にしても，なぜ全国から年貢を集めたり，全国に警察を置いたりする力がなかったの

だろう？」

こういう感想や疑問をもつことはとても大切なことなのです。4章で詳しく見ますが，「あることがわかる」→「疑問が生じる」というのがわかり方の大切なプロセスなのです。ところが歴史用語をバラバラに暗記するだけでは，こういう感想や疑問は出てきませんね。これらの感想や疑問は知識を結びつけたことによって生まれたのです。

3章

学習観の大切さ

これまでの章では，知識と知識を結びつけて勉強することの大切さを，いろんな例に即して見てきました。なるほどと思ってもらえたでしょうか。次に問題になるのは，どうすればそのような勉強を実際に行うことができるかです。この章ではこの問題を扱います。

◆─この答は何点か？

数年前になりますが，私の研究室にＫさんという学生がいました。Ｋさんは教育心理学の卒業論文を書くときに，小学校６年生にいろんな質問をしてその結果を分析してまとめました。といっても６年生の学力を調べたわけではありません。彼が出した質問はちょっと変わったものでした。質問はいくつもあったのですが，そのうちの１つを次に紹介します。みなさんも答えてみてください。

「下の三角形の面積を求めなさい」という問題がありました。

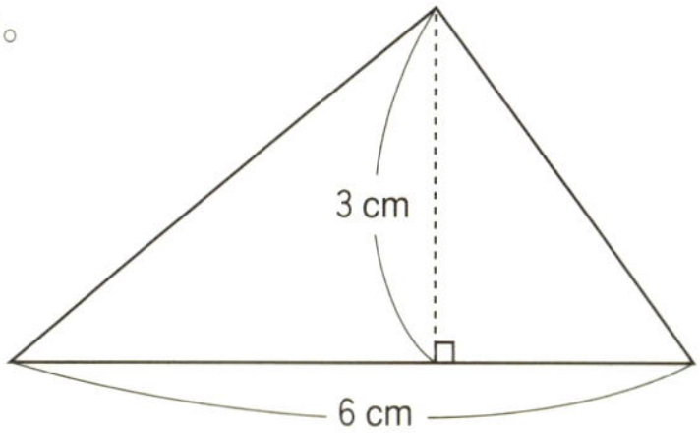

A君とBさんの２人がこの問題を下のように計算しました。

A君　（式）　$6 \times 3 \div 2 = 9$　（答）　$6\,\mathrm{cm}^2$

Bさん（式）　$6 + 3 = 9$　（答）　$9\,\mathrm{cm}^2$

A君は式の立て方も計算の仕方も正しかったけれど，答をうっかり書き間違えてしまいました。Bさんは式の立て方を間違えたけれど，答は当たりました。

もしあなたが先生だったら２人をどのように採

点しますか。ただしこの問題は10点満点とします。
A君を（　　）点　　Bさんを（　　）点

この質問でKさんが見たかったのは，A君に何点つけるかはさておいて，子どもたちはBさんに何点をつけるかだったのです（あなたは何点をつけましたか）。160人の6年生に答えてもらったところ，Bさんに「0点」をつけた子どもは60人（38%）で，点数を与えた子ども（つまり1点以上つけた子ども）が100人（62%）もいました。

卒業論文を書いたKさんは，Bさんに「0点」をつけた60人というのは，考える過程（プロセス）を重視している子どもたちだと考えました。なぜならBさんの答が当たったのは偶然にすぎないからです。式は完全に間違っているわけですから，Bさんが考えた過程はおかしいことになります。それは致命的なことだと考えたから，この60人は0点をつけたわけです。そしてBさんに点数を与えた100人というのは，考える過程よりも答が当たったか（正しいか）どうかを重視する子どもたちだと考えたのです。そしてそのような子どものほうが多いことを知って驚いていました。

ちなみに，つい最近ですが，Mさんという学生にも卒業研究の一部としてこの問題を小学校6年生156人にやってもらいました。Bさんに「0点」をつけた子どもはもっと少なく27人（17%）だけでした。点数を与えた子ども（つまり1点以上つけた子ども）が129

人（83%）もいました。そのうちの80人は10点の半分の「５点」をつけていました。

◆─どんな学習観をもっているかが大切

学習についてもっている考え方のことを**学習観**といいます。「考える過程が大切だ」と思うか，「答が合うことが大切だ」と思うかは学習観の違いの１つです。同じように本を読んだり問題集の問題を解いていても，その人がどんな学習観をもっているかによって，ずいぶん違った学習が行われていることになるのです。

計算問題の答え合わせをしていて自分の答がバツであることを知ったとき，あなたはどうしますか。「考える過程が大切だ」という学習観をもっている人なら，自分がやった計算のあとを丹念にたどり直して，どこで間違えたかをチェックしようとするでしょうね。でも，「答が合うことが大切だ」という学習観のもち主だったら，書いたものを全部消して最初からやり直すでしょう。

このように，どのような学習観のもち主であるかによって，その人の勉強の仕方は違ってきます。ところが困ったことに，自分がどんな学習観をもっているかということは，ふだんあまり意識しないものなのです。ましてや自分のとは異なる学習観があるということにはなかなか気づくことができません。

心理学者の市川伸一さんは，気づかないうちに人が

計算間違いをどうする？

もってしまいがちな学習観として次の３つのものをあげています[★3]。１つめは，考え方や解き方よりも答があっていればいいと思う「結果主義」の学習観です。２つめは，意味もわからずに事実や手続きを覚え込むのが学習だと考える「暗記主義」の学習観です。３つめは，勉強とはくり返して慣れることだと考えて，練習量や勉強時間ばかり気にする「物量主義」の学習観です。

１つめの「結果主義」の学習観というのは，学生Ｋさんの卒業論文の話のときに，「答が合うことが大切だ」と私が説明した学習観と同じですね。そして２つめの「暗記主義」，３つめの「物量主義」の学習観については，１章「記憶の実験から見えてくるものは」で見てきた内容と対応することに気づかれたことでしょう。子どもでも大人でも，ついついこのような学習観をもってしまいがちなのです。しかもそれを〈あたりまえだ〉と感じている場合が多いのです。

さてここで，この章の最初の問題にもどりましょう。この章で考えたかったのは，どのようにすれば知識と知識を結びつけるような学習ができるかでした。私はみなさんに，学習観の点検をまずすすめたいのです。そして自分が結果主義，暗記主義，物量主義の学習観をもっていることに気づいたら，それを変える努力をしてほしいのです。そうすることによって，知識と知識を結びつけるような学習が可能となります。そしてこれまでの章で見てきたように，そのような勉強をするほうが，内容をきちんとそして長く覚えていることができるので，テスト勉強としても結局は得なのです。しかも，（こちらのほうがもっと大切なのですが）勉強することがおもしろいと感じられるのです。

◆―教科書は〈知識の結びつき〉をむしろ重視している

みなさんの中には，教科書で勉強していると覚えることがたくさん出てくるから，どうしても結果主義や暗記主義の学習観に陥ってしまうと思う人がいるかもしれませんね。

「班田収授法」から「荘園の成立」までを古い順に並べた問題を思い出してください。たしかに歴史の教科書には三世一身法は723年，墾田永年私財法は743年というように年号が載っています。しかしそれだけではなくて，それぞれのできごとの関連ももちろん書いてあります。なぜなら教科書を作っている人はみなさんにできごとの関連を勉強してほしいと思っているからなのです。学校の先生もそうです。それが歴史の勉強だと思うからです。ところが暗記主義の学習観をもっていると，できごとの関連のほうは無視して，ゴロ合わせをして年号だけを覚えようとします。

「天領」「参勤交代」「廃藩置県」「中央集権国家」の場合もそうなのです。教科書をよく読むとお互いの関連が見えてきます。つまり知識と知識を結びつけるような学習をしようとするなら，身近にある教科書がまず役に立つはずなのです。社会科だけではありません。数学だって理科だってそうです。そこにはたくさんの公式や法則が出てきますが，教科書を書いている人というのは，それらの関連を大切にしている人なのです。そういう勉強が大切だと考えている人なのです。

数学の例を１つあげておきます。中学校で下のような公式を習います。乗法公式とよばれています。

(ア)　$(x+a)(x+b)=x^2+(a+b)x+ab$

(イ)　$(x+a)^2=x^2+2ax+a^2$

(ウ)　$(x-a)^2=x^2-2ax+a^2$

(エ)　$(x+a)(x-a)=x^2-a^2$

ある中学校の先生の話では，これら４つの公式を無理に頭に詰め込もうとする生徒がいるというのです。でも，これら４つの公式はお互いに関連をもっています。どの公式も「項どうしをかけあわせる」という点が共通です。

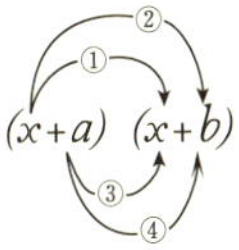

この考え方がわかったうえで(ア)の公式を学習したならば，それと関連づけてほかの公式を学習できます。たとえ(イ)～(エ)の公式を忘れてしまっても大丈夫です。(イ)～(エ)の公式は(ア)から導き出せます。教科書を作った人は，(ア)～(エ)の公式をバラバラに覚えるのではなくて，このように関連づけて勉強をしてもらいたいと思っているはずなのです。

もちろん，今の教科書がベストのものではありませんよ。分量の制限がありますし，書き手の力量の問題もあります。けれどもみなさんが知識と知識の結びつきを重視した勉強をしようとするときに，教科書は意外に役立つものだということを知ってほしいのです。そして教科書だけでは関連がうまくつかめないときには，学校の先生をじょうずに利用してほしいのです。

教科書以外にも役立つ本がたくさんあります。それは子ども向けに書かれた科学や歴史の本です。子ども向けといっても，対象となる年齢は小学生から高校生あたりまでさまざまです。一流の研究者が子ども向けに書いた本の中にはおもしろくてわかりやすいものがたくさんあります。その大きな理由は，知識と知識の結びつきを重視して書いてあるからです。

小学生向きの本だからといって軽んじてはいけませ

んよ。私は小学生向きに書かれた科学の本を今でもよく読みますが，とても勉強になります。子ども向けの本は学校の図書館よりも町の図書館にたくさんそろっています。いろいろ探してみてください。

◆―学習観のチェックリスト

さてここで，実際にみなさんの学習観の点検をやってみましょう。先ほど紹介した市川さんは，自分の学習観を調べるための質問項目を作りました★4。全部紹介すると長くなるので，関係あるところを以下に紹介します（教示文に少し加筆してあります）。

質問２　次に６つの質問がありますから，自分によくあてはまるものには〈5〉，少しあてはまるものには〈4〉，どちらともいえないものには〈3〉，あまりあてはまらないものには〈2〉，まったくあてはまらないものには〈1〉を（　）の中に書き入れてください。ただし，自分をよく見せようと思ったりミエを張ったりしてはいけませんよ。素直な気持ちでやってみてください。

①答だけでなく，考え方が合っていたかが大切だと思う（　）

②ある問題が解けた後でも，別の解き方を探してみることがある（　）

③テストでできなかった問題は，後からでも解き方を知りたい（　）

④なぜそうなるのかわからなくても，答が合っていればいいと思う　(　　)
⑤テストでは途中の考え方より答が合っていたかが気になる　(　　)
⑥自分で解き方をいろいろ考えるのは面倒くさいと思う　(　　)

これらは，〈結果主義の学習観〉をもっているか，それとも，〈考える過程を重視した学習観〉をもっているかを調べるための質問なのです。

さて数字を書き入れたら，次に合計点を出します。そのときに1つ注意してください。①〜③の3つの質問では点数が高いほど，〈考える過程を重視した学習観〉をもっていることになりますが，④〜⑥の3つの質問では逆に点数が高いほど〈結果主義の学習観〉をもっていることになります。そこで合計点数を出すときには，④〜⑥の項目では点数を入れ替えて計算してください（つまり5点を1点に，4点を2点に，3点はそのまま，2点を4点に，1点を5点にして計算してください)。こうやって合計点を出すと，その点数が高いほど，〈考える過程を重視した学習観〉をもっていることになります。

その合計点を項目数の6で割ると1項目あたりの平均点が出ます。その値は1点から5点までのどこかに位置するわけですが，あなたは何点でしたか。市川さんによると，中学生から大学生までいろんな人にやってもらった結果，３点前後が平均点になることが多いそうです。

質問３　次の６つの質問にさっきと同じように〈5〉から〈1〉までを書き入れてください。

①ただ暗記するのではなく，理解して覚えるように心がけている　（　　）
②習ったことどうしの関連をつかむようにしている　（　　）
③図や表で整理しながら勉強する　（　　）
④数学の勉強では，公式を覚えることが大切だと思う　（　　）
⑤同じパターンの問題を何回もやって慣れるようにする　（　　）
⑥なぜそうなるかはあまり考えず，暗記してしまうことが多い　（　　）

これらは〈暗記主義の学習観〉をもっているか，それとも〈意味を理解しようとする学習観〉をもっているかを調べるための質問です。合計点の出し方もさっきと同じです（④～⑥の３項目に注意してください）。合計点が低いほど〈暗記主義の学習観〉を，逆に合計点が高いほど〈意味を理解しようとする学習観〉をもっていることになります。合計点を出したら６で割って平均点を出してください。市川さんによると，ここでも３点前後が平均点になることが多いそうです。

さて，みなさんの結果はどうでしたか。いろんな経験をすることによって学習観は変化します。みなさんはこの本をここまで読み進んできたわけです。この本を読む前と比べたら学習観が少し変わったと感じた人もいるのではないでしょうか。この本を最後まで読むと，学習観がもっと変わるかもしれません。もしそうなら，私はとてもうれしいです。

この本の冒頭で，「間違うことはいいことだ」と考えることが大切だと書きましたが，これも学習観の1つです。おそらくこの本を読む前は，多くの人が「間違うことは恥ずかしいことだ」という学習観をもっていたのではないでしょうか。このような学習観も少しずつ変えていってもらいたいのです。

けれども「学習観を変えてください」と言葉で言っただけでは，みなさんに納得してもらえないでしょう。ですからこの本では，間違うことのおもしろさや，考える過程を重視することのすばらしさについて具体的な例を用いて話してきたのです。

2日後に期末テストがあるのにまだ準備ができていないとか，1か月後に入学試験が控えているのにまだいろんなことが手つかずで残っているという場合だったら，妥協して暗記主義の勉強になってしまうのもやむを得ないかもしれません。ただしその場合，せっかく覚えた内容はテストが終わると頭には残っていないでしょう。そういう勉強を続けていくのはむなしいことです。この本では，目前にせまったテストをどう切り抜けるかを問題にしたいのではなくて，長い目で見た場合のあなたの学習観に焦点をあてたいのです。

まだこの本は半分以上残っています。

基礎編の次は発展編ですが，これまでと同じようにラクに読めます。楽しみながら読み進んでください。

発展編

4章

わかり方の筋道——矛盾を乗りこえる

物理が大好きという人はあまりいません。物理はむずかしい科目の代表です。なかでも力学はわかりにくいですね。ここでは力学の初歩を楽しく勉強してみましょう。苦手な人も心配する必要はありません。そのなかで勉強のコツをあわせて紹介していきます。

◆—重い物と軽い物，どちらが先に落ちる？

問題６　重い物と軽い物を同じ高さから落としたらどちらが先に落ちるでしょうか。

(ア)　重い物が先に落ちる。

(イ)　軽い物が先に落ちる。

(ウ)　同時に落ちる。

学校でまだ習っていないと(ア)を選ぶ人が多いのではないでしょうか。ところが学校で勉強した多くの中学

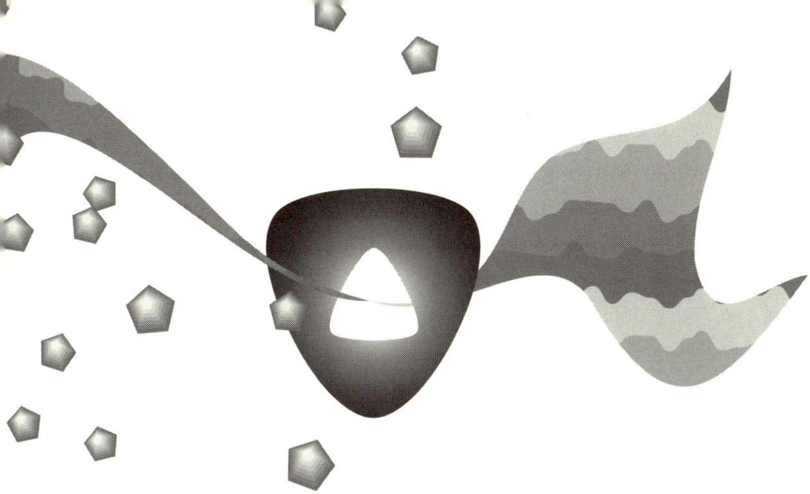

生は，テストでこの問題が出ると(ウ)を選びます。教科書にそう書いてあるし，先生もそう説明するからです。ガリレオ・ガリレイがピサの斜塔から物を落として実験したという逸話が紹介されたりします。

でも，(ウ)を選んだ人でも迷いがあるのがふつうです。それらの迷いを並べてみましょう。みなさんにもあてはまるものがありませんか。

＊鉄のかたまりと１枚の紙だったら，本当は，鉄のかたまりのほうが速く落ちるのだ。
＊「同時に落ちる」というのは真空中の場合だけだ。
＊理科の勉強では，現実にはあり得ないことを覚えさせられるのでいやだ。

これらはお互いに関連した内容なので，全部に「そうだ」と思った人もいるかもしれませんね。

先の問題で，大人が(ウ)を選べるかどうかもあやしいものです。

あるテレビ番組で，「バンジージャンプをして，下の川を流れる瓦（かわら）を割ったら100万円」というコーナーが始まりました。それを見ていたある家族が次のような会話をしました。

父親　これはむずかしいね。だれもできないんじゃないの。
母親　そうねえ。
（予想どおりだれもできません。そんななか，とても太った人が挑戦を始めました……）
父親　この人はたいへんだ。ふつうの人より速く落ちてしまうからねえ。
母親　そうねえ。重いからねえ。

重いと速く落ちる？

ねっ，大人だって(ア)の考えなのです。テストに答えているのではなくて，テレビを見ているときですから，かえって本心があらわれているといえるかもしれません。

さてこれから「物が落ちる」ということについて考えてみます。力学の第一歩です。みなさんにとってきっと不思議でおもしろい世界が広がってくるはずです。

「間違うことが大切なのだ」「知識が別の知識と結びつくとおもしろい」を合い言葉にして探検を始めましょう。

◆―簡単な実験をしてみよう

真空中ではなくて現実の世界で〈重い本〉と〈1枚の紙〉を同時に落とすとどうなるでしょう。本当に重い本のほうが速く落ちるのでしょうか。あたりまえですって。じゃあ次のような実験をしてみましょう。

問題7　1枚の紙を本の上に，はみ出さないように置きます。そして落とします。どちらが先に落ちるでしょう。

(ア)　本が先に落ちる。
(イ)　紙が先に落ちる。
(ウ)　同時に落ちる

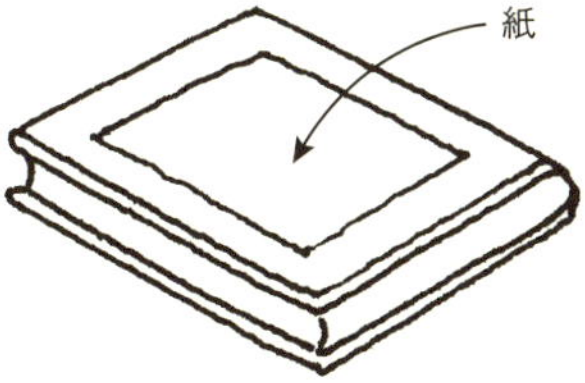

簡単にできる実験です。ぜひみなさんもやってみてください。紙だけが取り残されてフワフワ落ちることはありません。紙は本と同時に落ちるのです。

紙のかわりに風船を使ってみましょうか。ふくらませた風船を本の上にのせます（風船がはみ出ないようにします）。そしてそれを落とします。風船だけが取り残されてフワフワ落ちることはありません。風船は本と同時に落ちるのです。

これらは真空中での実験ではありませんよね。私たちが生活しているこの現実世界での現象なのです。ポイントは空気の抵抗です。この実験では紙は本の上にあるので空気の抵抗を受けません。だから本と同時に落ちたのです。もちろん真空中では空気の抵抗はゼロです。その点で真空は理想的な状態なわけです。

ガリレオ・ガリレイがピサの斜塔から物を落として実験したというエピソードは有名です（実際にはピサの斜塔で実験をしたのではないらしいのですが）。空気の抵抗が無視できる程度であれば，重い物と軽い物は同時に落ちます。

2冊の本を両手に持ってイスの上に立ち，天井の近くから落としてみます。1つの本は1kgで，もう1つは2kgです。重さは2倍も違うのですが同時に床に落ちます。この程度の距離では空気抵抗は無視できる範囲だからです。

ですから，理科では現実にはあり得ないことを覚えさせられるからと,勉強嫌いになるのは損なわけです。

◆—〈重力の大きさ〉と結びつけると

さてこれで「物の落ち方」についてはわかったことになるのでしょうか。これだけでは1つの知識を学習しただけです。ほかの知識とは結びついていませんね。ほかの知識と結びつけることが必要でした。

ところが，ここからが新しい問題なのですが，「ほかの知識と結びつける」とはいっても，その結びつけ方を間違えてしまうことがあるのです。「それは困ったなことだなあ」と思う人が多いかもしれませんね。でも合い言葉を思い出しましょう。「間違うことが大切だ」でしたね。間違うからよくわかるようになるのです。では，ほかの知識とどのように結びつくかを見てみましょう。ここで別の問題です。

問題8　1kgの鉄と2kgの鉄のかたまりにはたらく重力（地球が引く力）の大きさはどちらが大きいでしょう。

(ア)　1kgにはたらく重力のほうが大きい。
(イ)　2kgにはたらく重力のほうが大きい。
(ウ)　どちらも同じ大きさ。

みなさんはどれを選びましたか。

私たちは先に「重い物も，軽い物も同じスピードで落ちる」ということを学習しました。じつはそのことを強く意識すると，この問題では(ウ)を選びたくなってしまうのです。「重い物と軽い物が同じスピードで落ちるっていうことは，それは地球が同じ大きさの力で引っ張っているからでしょ」というわけです。もっともな考え方だと思いませんか。

話はちょっと脱線しますが，次のような場合も考えられます。それは，「重い物と軽い物が同じスピードで落ちる」ということを学習していない場合です。そういう場合は，バンジージャンプのときのお父さんとお母さんのように，「重い物ほど速く落ちる」と誤解しています。そういう人に上の問題を出すと，「重い物にはたくさんの重力がはたらいているから速く落ちるんだろ」と答えます。一見正しい考え方のように思えるのですが，そもそも「重い物は速く落ちる」というのは間違いなのですから，この考え方は正しくないのですね。

話をもとにもどしましょう。私たちは「重い物と軽い物が同じスピードで落ちる」ということを学習してから上の問題を考えたのでした。そして(ウ)を選びたくなってしまったのでした。

本当に(ウ)が正しいのでしょうか。もっと初歩的な問題にもどって考えてみましょう。

問題９　重い物と軽い物を上皿てんびんにのせます。どちらが下に下がるでしょう。

(ア)　重いほう　　(イ)　軽いほう　　(ウ)　水平のまま

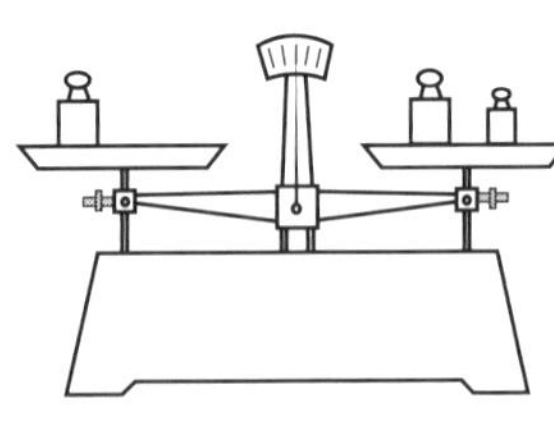

こんなの簡単です。(ア)に決まっています。

バネばかりだって同じことです。図７を見てください。重い物をつるすほどバネは伸びます。これはあたりまえですよね。なぜ重い物をつるすとバネがたくさん伸びるかというと，重い物ほど地球からたくさん引っ張られるからじゃないですか。

ですから，「1kgの物と2kgの物にはたらく重力の大きさは同じだ」というのは間違っているのです。重力の大きさを考えるときに，「重い物と軽い物が同時に落ちる」という知識と結びつけようとしたところまではいいのですが，その結びつけ方がどうやら間違っていたようなのです。

図7　重い物をつるすと，バネはたくさん伸びる…あたりまえだ

でも，間違いは大切でしたね。間違ったからこそよくわかるようになるのでした。

私の大学時代の恩師はよく「誤解も理解の1つだ」と言っていました。何も考えられないのに比べると，ある知識を別の知識と結びつけるのはすばらしいことなのです。そもそも学ぶとはそういうことなのですから。だから誤解というのは，学んでいるからこそ起きることなのですね。

それはともかくとして，話を先に進めましょう。

私たちは困った事態に直面したのでした。

①重い物も軽い物も同時に落ちる。
②重い物は軽い物より大きな力で地球に引っ張られている。

この両方が正しいらしいのです。でも②が正しいなら，重い物は速く落ちそうです。どうやってこの2つを結びつけたらいいのでしょう。困ってしまいます。

◆──困ったらシメタと思え！

心理学の考えからすると，このような困った事態というのは，認識が発展する一大チャンスなのです。認識というのは，少しむずかしい言葉ですが，私たちが外の世界を知るはたらきのことです。あるいはそのはたらきの結果知った内容のことを認識ということもあります。この場合は知識とほぼ同じ意味になります。

先ほど，私の大学時代の恩師のセリフを１つ紹介しましたが，この先生はまた「困ったらシメタと思え」とも言っていました。私はそれまでそんな発想をしたことがなかったので，この考えには驚きました。「困ったとき」というのは問題が見つかったときなのです。「問題を解くよりも，問題を見つけることのほうがむずかしいし大切なことなのだ」という話を聞いたことがありませんか。科学者にとっても問題を見つけるというのはじつに重要でスゴイことなのです。ですから「困ったらシメタと思え」というのも，楽しく有意義な勉強をするためのコツなのですね。

話をもとにもどしましょう。この場合，私たちの認識はどのように発展していくのでしょうか。

◆──重い物はなかなか動かない

物を水平方向に動かす（横に引っ張る）場合を考えてみましょう。重い物と軽い物を同じ力で引っ張るとします。動かしやすいのはどちらでしょう。簡単ですね。重い物は動かしにくいけれど，軽い物は動かしやすいですね。ですから，同じ力で引っ張ると，重い物はゆっくりとしか動きませんが，軽い物は速く動きます（図８）。

図８　同じ力で引っ張ると……

では，その重い物を軽い物と同じスピードで動かすにはどうしたらよいでしょう。重い物にそのぶんだけ大きな力を加えて引っ張ればよいですよね。

じつは，地球が重りを引っ張る場合も同じなのです。重い物は動きにくい（なかなか動かない）のです。これは納得できますね。その重い物（動きにくい物）が軽い物（動きやすいもの）と同じスピードで動く（落ちる）ということは，地球は重い物をたくさんの力で引っ張っているからなのです。つまり，重い物には大きな重力がはたらいているからこそ，重い物は軽い物と同じスピードで落ちるのです（図９）。

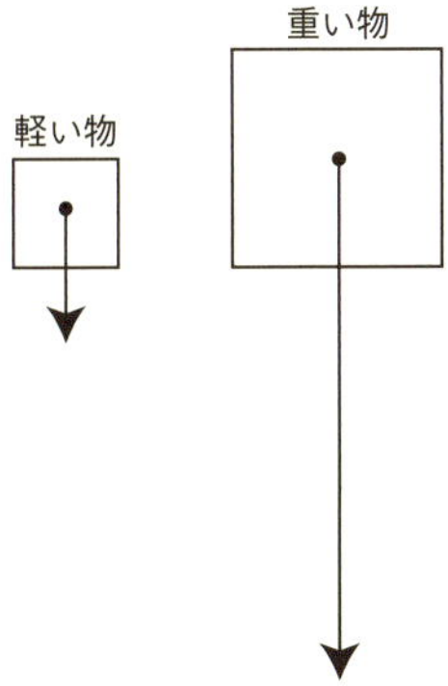

図９　地球が物を引っ張るとき

地上では，物を水平方向に動かす場合には，人であれ機械であれ，うんとこしょと仕事をしなくてはなりません。これに対して，物が下に落ちる場合には「自然に」「勝手に」落ちていくように見えます。だから，物を水平に動かす場合と，物が下に落ちていく場合は違うと思ってしまいがちです。

しかし，人が物を引っ張って動かす場合も，地球が物を引っ張って動かす場合も，力が必要です。どちらも同じなのです。「水平方向に動かす」場合と「下に動かす」場合とを区別する必要はありません。

「重い物は動かしにくい。それなのに軽い物と重い物が同じスピードで落ちる（動く）ということは，地球が重い物を大きな力で引っ張っているからだ」。こう考えればスッキリします。①と②は矛盾なく整理されます。

◆―あらたな疑問が出てくる

「重い物は本来ならば落ちにくい」と考えるなんておもしろいでしょう。水平方向に動かす場合と同じことだと考えれば，そうなるわけですね。このようにいろんな現象をまとめて見ることができるようになることが科学の力であるわけです。ですから科学というのは「世界の見方を変えるメガネ」のようなものといってもよいかもしれません。

これで①と②が矛盾なく整理されたかというと，じつは，話はそう単純ではありません。科学の世界は単純なのですが，それを学んでいる人間の心理は複雑だからです。

「重い物は動かしにくい。それなのに軽い物と重い物が同じスピードで落ちるということは，地球が重い物を大きな力で引っ張っているからだ」という説明をしたら，ある人が次のような疑問を出しました。

「でも，地球はどうやって，重い物と軽い物を見分けているんだろう」

質問4　あなたもこのような疑問をもちますか。

(ア)　もつ　　(イ)　もたない

このような疑問を聞いて初めて，「そういえば，たしかに不思議だなあ」と思った人もいるかもしれません。あるいは，「地球は人間ではないのだから，どうやって見分けるかなんて疑問は幼稚だ」と思った人もいるかもしれません。

幼稚な疑問かどうかは置いておくとして，私たちの認識というのはこのように，

「あることがわかる」→「別の疑問が生じる」

というプロセスをくり返すのがふつうなのです。「わかるとは，わからなくなることだ」という言葉があります。これはこのようなことを言っているわけです。ですから，仮に「幼稚な疑問だ」と自分で思っても，その疑問にふたをしてしまわないで，自分で調べたり，まわりの人に聞くことはとても大切なことなのです。

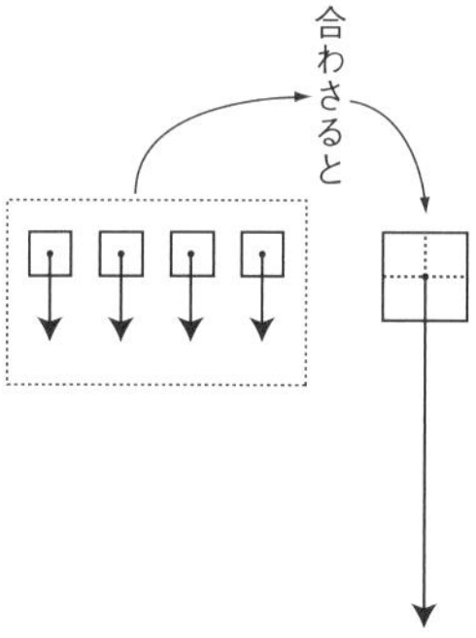

図10　粒が集まり重くなると

この疑問に対しては，次のように考えてみましょう。物体は原子や分子といった粒の集まりです。物を下に落とす場合には，各粒はそれぞれ同じ力で地球に引っ張られます（粒の重さが同じだから，それぞれ同じ重さで引っ張られるわけです）。基本はこれだけです。そうすると，粒が多いほど（重い物ほど）引っ張られる全体の力は大きくなるわけですね。図10のように模式図を書いてみました。

どうですか。「地球はどうやって，重い物と軽い物を見分けているんだろう」と悩まなくてもよくなったでしょう。これでずいぶんスッキリしたのではないでしょうか。

◆―勉強のコツのまとめ

さて，この章の最後の質問です。

質問５　あなたは以上の話がどれくらいおもしろかったですか。１つ選んでください。

(ア)　たいへんおもしろかった
(イ)　少しおもしろかった
(ウ)　どちらともいえない
(エ)　あまりおもしろくなかった
(オ)　まったくおもしろくなかった

私は以前，このような力学の授業を大学生にしたことがあります。そのときは，約半数の人が「たいへんおもしろかった」と答え，残りの半数が「少しおもしろかった」と答えました。文科系の大学生なので，物理は苦手という人が多かったのですが，このような勉強は彼らにもおもしろかったわけです。みなさんにもおもしろいと思ってもらえたとしたら，とてもうれしいのですが……。

私たちは楽しく勉強するコツとして，先に3つの合い言葉を作りました。それは次の①～③でした。

①間違うことが大切なのだ。
②覚えようとすることをすでに知っているほかの知識と結びつけると覚えやすい。
③ある知識が別の知識と結びつくとおもしろい。

今回「物の落ち方」の勉強をしてきましたが，そこにも楽しく勉強するコツがいくつか登場しました。並べてみましょう。

④困った事態（矛盾を感じる事態）というのは認識が発展する一大チャンスなのだ。
⑤「あることがわかる」→「別の疑問が生じる」というプロセスをくり返すのがわかり方の筋道なのだ。

どうですか。これらを見てみると，試験の前に公式や重要語句を一生懸命に頭に入れるというのは，勉強らしい勉強ではないことがわかってきませんか。

今回の力学の話にもどりましょう。ここで扱った内容を仮に，公式を頭に入れるというタイプの勉強で行うとしましょう（わからない人はこの段落を飛ばしてかまいません）。すると次のようになります。高校で習う物理の公式に，「F＝ma（力＝質量×加速度）」というのがあります（この本の２章でも登場しました）。重力も力の一種ですから，この式に照らして考えると，質量が大きいほど重力が大きいことがわかります。次は落下スピードです。高い所から落とした物体のt秒後の下向きの速度は「V＝gt（速度＝重力加速度×時間）」という式で表せます。この式には「質量」が登場しません。つまり落下速度Vは質量に関係ないということがこの式からわかります。公式を頭に入れるというタイプの学習をしようとすると，「F＝ma，V＝gt」という公式を覚えることになります。

こういう公式を要領よく教えてくれる塾はあるかもしれません。でもこの公式を覚えるにしても，この章でこれまでやったような勉強に裏打ちされていることが大切です。そしてそういう勉強をするのが本来の学校の授業なのです。３章でもいいましたが，多くの先生は,生徒が考える授業をしたいと思っているのです。ですから，みなさんはいろんな疑問をぶつければよいのです。

「先生，重い物にたくさん重力がはたらくのに，なぜ，重い物と軽い物は同時に落ちるんですか。重力が大きいのだから，ぼくはやっぱり重い物のほうが速く落ちるような気がしてなりません」

「先生，重い物には大きな重力がはたらくからこそ，軽い物と同じスピードで落ちるっていうことは納得できたんですが，でも地球はどうやって，重い物と軽い物を見分けているんですか」

こういう疑問を遠慮せずに学校の先生にぶつけてみてください。先生はその疑問に答えてくれるはずですし，もしすぐに答えられない場合でも，いろいろ調べてくれるはずです。

もし授業中にこういう疑問を出す友だちがいたら，みなさんはどう思いますか。けっしてバカにはしないでしょう。それどころか，いい疑問だなあと感心するでしょう。そうやってクラス全体がいい雰囲気になっていけば，生徒にとっても先生にとっても好ましいことですよね。

5章

知識は使うための道具なのだ

◆―勉強は何のため？

この本ではこれまで，断片的な知識を頭の中に詰め込むことが勉強ではないのだということをいろんな角度から見てきました。

ところで，私たちは何のために勉強しているのでしょう。テストで良い点をとるためだという人もいるでしょう。いや，そういう目的で勉強するのはおかしいと考える人もいるでしょう。物理であれ歴史であれ，内容に興味をもつと，すすんで勉強したくなります。これが勉強本来のあり方だと考える人もいるでしょう。この本でも，これまでにそのような勉強のおもしろさをみなさんに伝えようとしてきました。

この章では，知識のもう１つの重要性についてみなさんにわかってもらいたいことがあります。それは，知識というのは使うための道具なのだということです。といっても誤解しないでください。たくさん知識

を身につけると受験に有利なので，知識はよい学校へ入るための道具だという意味ではありませんからね。知識というのは，私たちが豊かに生きていくための道具なのだということなのです。具体的に見ていきましょう。

◆—わかりやすい文章を書くための知識

先生からよく「わかりやすい文章を書きなさい」と言われたことがあるでしょう。では，大人が書く文ははたしてわかりやすいのでしょうか。手元にある本からいくつか例文を拾い集めてみます。さて，みなさんはこれらを１回読んだだけで，正しく意味がとれるでしょうか。

①はじめのうち，茂山君が私たちのキヨに対する親愛の情を苦々しく思っているのは明らかだった（池田満寿夫『しっぽのある天使』文芸春秋より）。

②霞ヶ関界隈に約二十万人の国家公務員がいても，その中に身を置きながら，実名入りで属している組織の問題点を指摘しているのはいまだに私ひとりであるからだ（宮本政於『お役所のご法度』講談社より）。

③ある信用が置けることで有名な出版社の編集のかたにその話をしたら～（木村泉『ワープロ作文技術』岩波書店より）。

これらはいずれも複雑な文ではなくて，単純な文です。それでも一読しただけでは意味がとりにくいのです。

①では，キヨというのは犬の名前なのですが，「茂山君が私たちのキヨに対する～」の部分を読むと，「私たちが飼っているキヨ」の意味だと読み誤る危険性があります。じつは，著者はここでは，「私たちのキヨ」と言いたいのではなくて，「私たちの親愛の情」と言いたいのです。

②では，「実名入りで所属している」とは何か変だなあという印象をもちます。だって他の国家公務員の人が「匿名（とくめい）で所属している」わけではないのですからね。じつは著者はここでは「実名入りで指摘している」ということを言いたいわけなのです。

③では，「ある信用」というのはどういう信用のことだろうと思ってしまいますよね。信用には何種類もあるのかなあとね。じつは著者はここでは「ある出版社の編集のかた」と言いたいわけなのです。

これらの文の正しい意味をすぐにとれないのは，読み手が悪いのではありません。これらの文が悪文なのです。「もっとわかりやすく書いてください」と言いたくなります。どうすればわかりやすい文章になるのでしょう。あなただったらどのように書き直すでしょうか。

以下のように書き直してみましょう。

①'はじめのうち，茂山君がキヨに対する私たちの親愛の情を苦々しく思っているのは明らかだった。
②'霞ヶ関界隈に約二十万人の国家公務員がいても，その中に身を置きながら，属している組織の問題点を実名入りで指摘しているのはいまだに私ひとりであるからだ。
③'信用が置けることで有名なある出版社の編集のかたにその話をしたら～。

どうですか。今度はスラッと理解できるでしょう。これらの文は簡単なルールを使って書き直したのです。それは，「長い修飾語は前に，短い修飾語は後に」というルールです。これは朝日新聞の記者だった本多勝一さんが提案したルールなのです[★5]。上の文に即して説明してみましょう。

①の文では，「私たちの」と「キヨに対する」は，いずれも「親愛の情」にかかります。この場合には，「キヨに対する」のほうが長いので，これを先にします。

②の文では，「実名入りで」と「属している組織の問題点を」は，いずれも「指摘している」にかかりま

す。前者より後者のほうが長いので，これを先にします。

③の文では，「ある」と「信用が置けることで有名な」は，いずれも「出版社の編集のかた」にかかります。前者より後者のほうが長いので，これを先にします。

というわけで，わかりやすい文を書くためには，本多勝一さんが提案するルールはじつに便利です。ここで大切なのは，このルールを頭の中に蓄えておくことではありません。自分が文章を書くときにこのルールを実際に使わないと意味がありません。「知識は使うための道具なのだ」というのは，たとえばこういうことを言いたいのです。

◆―ちょっと脱線

本多さんのルールを意識すると，いろんな世界が見えてきます。たとえば日本語と英語の違いです。英語では修飾語は被修飾語の前にも後ろにも置くことができます。たとえば，“my favorite book which my father gave me”のように，「私のお気に入りの」という修飾語を「本」の前に，さらに，その本の説明を関係代名詞を使って後ろに続けることができます。これに対して日本語では，修飾語は被修飾語より前に置かなくてはなりません。だから，とてもきゅうくつです。修飾語がたくさんあるとその順序が問題になるわけです。

ところが多くの人は，心に浮かんだ順に修飾語を書き連ねることが多いようですね。そして，この「心に浮かぶ順」というのは，どうも「短い順」であるらしいのです。だから一読しても意味の取りにくい文が多くなってしまうのです。それにしても，なぜ「短い順」に心に浮かぶのでしょうか。その人にとって重要なコトほど「短い言葉」になっているのかもしれませんね。

それはさておき，心に浮かんだ順に修飾語を並べた文は現実にとても多いのです。作家の文章にも，アナウンサーのニュース原稿にも，コマーシャルにもたくさん見つかります。たとえば，「今すぐ○○ラジオを聞きましたよと言ってお電話ください」というCMは変でしょう。これだと「今すぐラジオを聞く」という意味になってしまいます。これは，「○○ラジオを聞きましたよと言って，今すぐお電話ください」と言うのがよいでしょう。

みなさんも，わかりにくい文に接したら，修飾語の順序が逆になっていないか気をつけてみてください。そして自分で文を書く場合には，本多さんのルールを意識して使ってみてください。知識は使うための道具なのです。

◆—敬語の使い方

ここでもう１つ言葉について取り上げます。若い人にとって敬語というものはやっかいなものです。そもそも「目上の人」という考え方自体が気に入らないという人もいるはずです。そういう人たちは，相手を敬うために敬語を使うということに抵抗を感じているのでしょう。

ところがこの本の前のほうで登場した西林克彦さんは，敬語についてとてもおもしろいことを述べているのです[★6]。敬語というのは相手を敬うときに使うだけではなくて，相手と距離を置きたいときや，相手に嫌味を言う場合にもじつに効果的に使えるというのです。そして敬語さえ使っていれば，目上の人に対して手きびしい批判も言うことができるというのです。

たとえば，あなたが担任の先生に文句を言いたいとします。そのときに，「うっせえ，そんなのオレやだよ」と言ったらどうでしょうか。「言葉づかいが悪い」とすぐに怒られるでしょう。そして，あなたの主張の中身については吟味されることはありません。結局自分の考えを聞いてもらうことはできません。

では，敬語を使って先生に文句を言ってみましょう。

「いま先生は○○とおっしゃいましたが，ぼくはそれとは違う考えをもっています。先生，聞いてくださいますか」

このようにきちんと敬語で話されると，先生としては門前払いをくわすことはできません。耳の痛い話でも聞かざるを得なくなります。これが敬語の威力です。つまり目上の人を批判するには，できるだけていねいな敬語を使うのがうまい作戦なのです。この場合，相手を敬っているから敬語を使っているわけではありま

作戦としての敬語

せん。作戦として敬語を使っているわけです。

これは敬語についての知識の１つです。この知識を道具として使うと，生活していくうえでじつに便利です。もちろんその際には，尊敬語や謙譲語，丁寧語をきちんと使いこなす知識も伴っていなくてはなりませんよ。「知識は使うための道具なのだ」というのはこういうことを言いたいのです。こう思うことができれば，敬語の勉強にも意味が見出せませんか。

◆──微分は何のため？

微分は高校の数学で出てきます。まだ習っていない人も多いと思いますが読み進んでください。大丈夫です。

１枚の折り紙を取り出します。図11のように四隅を切り取って直方体の箱を作ります（ふたはありませ

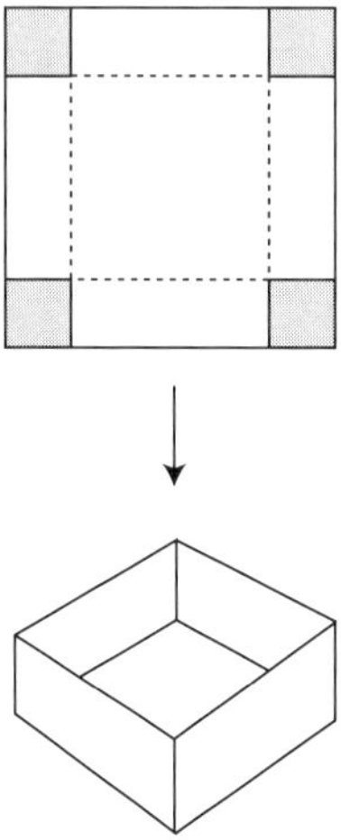

図11　砂金が最も入る箱は？

ん)。ハサミを入れて切る長さ（つまり高さ）を何センチにすれば，容積が最大の箱ができるでしょうか（すりきり１杯の砂金を箱に入れてもらえるとしましょうか)。

直方体の体積は「底面積×高さ」です。これは小学校で習いましたね。折り紙の１辺の長さを測ると15cmでした。これで箱を作るわけですから，高さを大きくすると底面積が小さくなります。逆に，底面積を大きくしようとすると高さが小さくなってしまいます。ジレンマです。高さをどれくらいにすればよいのでしょう。

中学生までの段階だと，一つひとつ計算してみなくてはなりません。

＊高さを１cmにすると底面の１辺は，15－２で13cm
体積は13×13×１＝169cm^3
＊高さを２cmにすると底面の１辺は，15－４で11cm
体積は11×11×２＝242cm^3
＊高さを３cmにすると底面の１辺は，15－６で９cm
体積は９×９×３＝243cm^3
＊高さを４cmにすると底面の１辺は，15－８で７cm
体積は７×７×４＝196cm^3

この中では高さが３cmのときに体積が最大になります。でも，まだやっていない3.3cmの場合はどうなのでしょう。2.7cmではどうなのでしょう。計算してみなくてはなりません。それでもまだ安心できません。小数第2位まで考えるとどうでしょう。小数第3位まで考えるとどうでしょう。あるいは高さが0.5㎝とか0.1㎝といった平たい箱の場合はどうなのでしょう。もしかしたらこのような場合に体積が最大になる可能性はないでしょうか。

私たちはすべての計算をやってみることはできないわけですから，中学校までの知識のレベルではこの問題の答が出せないのです。

ところが高校で習う微分を使うと，この問題がスッキリと解けるのです。最大値をとる場合がどんなときかが計算一発で出てくるのです。こういうときに微分は威力を発揮します。

折り紙での箱作りは，仲本正夫さんという高校の先生が，数学の授業で実際に行ったものなのです[★7]。この授業を受けた生徒たちは，「微分を勉強した意味がよくわかった」という感想を書いていました。知識とは使うための道具であることを実感したからだと思うのです。

◆―理科の勉強では

いろんな国の生徒が理科の勉強についてどう思っているかを調べた国際調査があります。質問の１つに「理科は生活の中で大切だと考えますか」という主旨のものがありました。この質問に対して「大切だと思う」と答えた生徒の割合は，日本の生徒では約50％で，これは調査した国々の中では最低の値でした。アメリカでは80%の生徒が「大切だ」と答えていますし，生徒の90%～100%近くがそう答えた国もいくつもありました。日本の中学生や高校生は，理科で勉強することが生活の中で役に立っているとはあまり考えていないようです。つまり，理科の知識は生活の中で使う道具だとは思われていないわけです。みなさんはどうですか。

◆―ルールの例を日常生活で探す

問題を出してみましょう。

問題10　大きな絵を壁に飾ります。下のつるし方のうち，ひもが切れやすいのはどれでしょう。

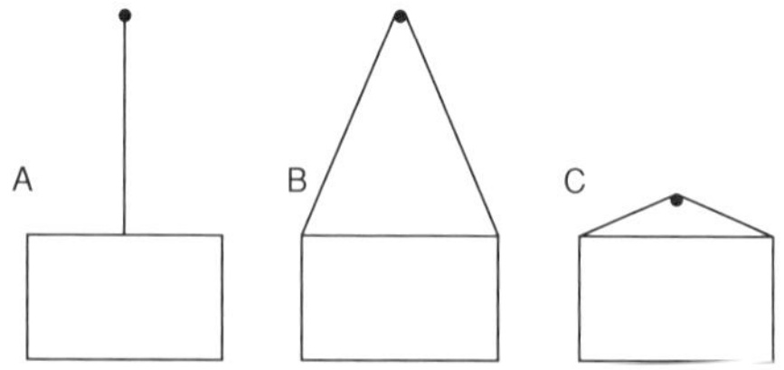

この問題はいったいどんな知識を使えばよいのでしょう。それは「力の平行四辺形」のルールなのです。「１つの力の２方向への分力は，もとの力（F）を対角線とする平行四辺形の２辺の向きと大きさになる」

ということを勉強したことがありませんか。

ふつうこのルールは図12のように簡単な作図をしておしまいです。これでは日常生活に役に立つ知識にはならないでしょう。

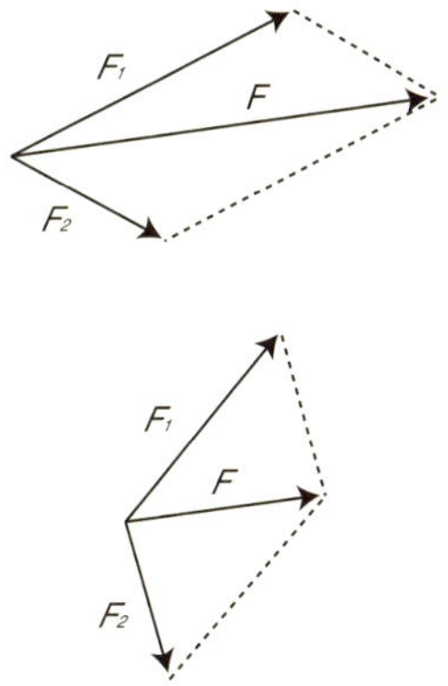

図12　「力の平行四辺形」

ではこのルールを使って，実際に額縁をつるす場合を考えてみましょう。図13に平行四辺形を作図しました。

下向きの矢印はこの絵にはたらく重力の大きさです（3つとも同じ大きさで描いてあります)。平行四辺形を描いてみると，ひもにはたらく力（分力）の大きさはCで一番大きくなります。この場合，もとの力（重力）よりも大きくなってしまいますね。絵の重さが仮に3kgだとしましょう。ロープにはその2倍の6kg重くらいの力がはたらいてしまいます。

これに対してAは1本のひもですから，これには3kg重の力だけが加わります。Bでは3kg重よりだいぶん小さな力です。ですから，ひもが一番切れやすいの

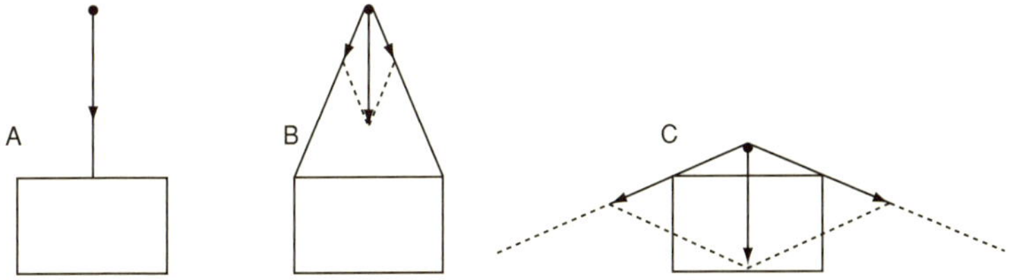

図13　一番力がかかるのはこれだった！

はCです。不思議ですね。Cの場合は左右で支えているのに，Aの１本の場合よりたくさんの力がかかるのですね。こういうつるし方はひもが切れやすいわけです。

ということがわかれば，力の平行四辺形の知識は日常生活で１つの道具として使えることになるわけです。

いろんなルール（法則）がありますが，それぞれのルールに即して，そのルールがあてはまる具体例を日常生活の中から探してみましょう。

暖められた空気や水は密度が小さくなるので上昇します。逆に冷たいと密度が大きいので下に下がります。対流の原理ですね。日常生活の中からこの原理を利用している例を探してみましょうか。

寝台車には２段ベッドや３段ベッドが使われています。冬に寝台車を使って旅行するとしたら，暖かいのは上の段でしょうか，それとも下の段でしょうか。(これは上の段ですね)。

エアコンの吹き出し口から出る風の向きは調節できます。冬に部屋全体を暖めるとしたら，温風を上向きに出せばよいでしょうか，それとも下向きに出せばよいでしょうか。上向きに出すと温風は天井のあたりに漂って下には降りてきませんね。ですから温風は下向きに出すといいのです。暖かい空気が部屋の下から上に上っていくことによって部屋全体が暖まります。

夏に部屋全体を冷やすときはこれとは逆です。下向きに冷風を出すと部屋の下にたまってしまいます。上向きに出すと冷たい空気がしだいに下に降りてくるので，部屋全体が冷えてきます。とはいっても最近のエアコンは風の向きは自動調節なので，自分で設定することはないかもしれません。でも，暖房のときと冷房のときとでは吹き出し口の横長の板（ルーバ）の向きが違うことを観察してみてください。

次の例です。地球上では，緯度が0度から30度の間は東風（貿易風）が吹き，30度から60度の間は西風（偏西風）が吹き，60度から90度の間は東風（極風）が吹きます（図14）。

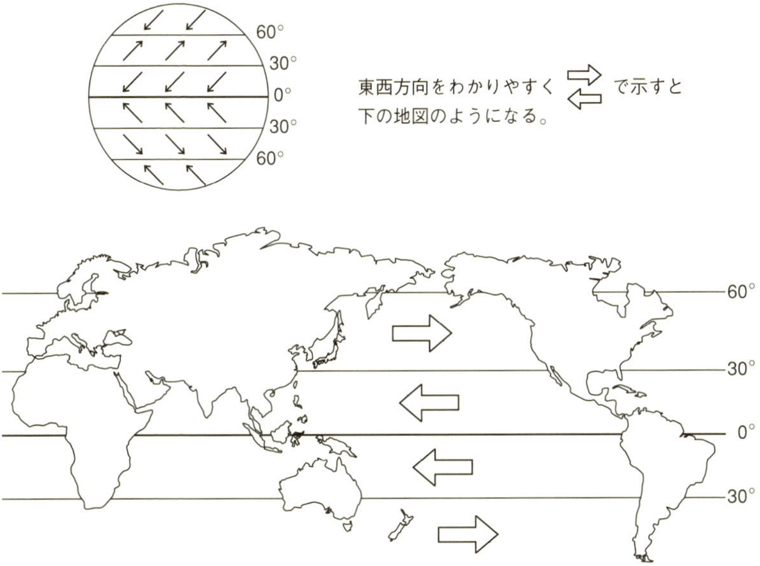

図14　上空での風の向き

沖縄県を除くと日本列島はだいたい緯度にして30度から45度の間に位置しています（鹿児島の南の屋久島が北緯30度で，北海道の北のはずれ宗谷岬が北緯45度です）。風船を飛ばすとします。風船はどの方角に飛んでいくでしょうか。西風に乗って東の方向に飛びます。風船に手紙をつけて学校でいっせいに飛ばすことがありますが，これをたとえば東北地方の太平洋側の学校でやってはいけないわけです。風船はみんな太平洋に飛んでいってしまいます。ふつうの風船だと途中でしぼんで太平洋に落ちてしまいます。いくら待っても返事は来ません。

日本は太平洋戦争のとき風船爆弾というのを発明しました。風船に爆弾をつけて飛ばしたのです。太平洋をわたってアメリカに落ちることを願って。何個かは実際にアメリカまで飛んで行って落ちたそうですが，悲しい発明ですね。知識を道具として使うといっても，こういうのは感心できませんね。

さてどうですか。知識は使うための道具であるということについて見てきました。このように日常生活の具体例と結びつけ勉強ができると，勉強はとても意味のあるものになります。みなさんも法則や原理を習ったら，このようにして日常生活と結びつく具体例を探し出してみてください。

『伊東家の食卓』というテレビ番組がありました。生活に役立つ「裏ワザ」がいろいろ登場して，その後でなぜそうなるのかを専門家が説明しています。この番組は小学生から大人にまで人気があるそうですが，その１つの理由は，生活に役に立つワザと科学が結びついているところにあると思います。

知識は使うための道具なのです。ですから知識をたくさん身につけると自分の生活が豊かになります。みなさんにもこのように思ってもらえるととてもうれしいです。

6章

誤った知識とそこからの脱出

◆──無知ではなくて「誤知」なのだ

この本ではこれまでに誤解の実例をいくつか取り上げました。流れ星は何光年も離れた宇宙空間を動いているという私の誤解もその１つでした。重い物のほうが速く落ちるとか，徳川幕府は全国の大名から年貢を集めたという誤解もありました。学習がまだ十分ではないとき，私たちはその内容について何も知らないのではなくて，このように間違ったことを知っている場合が多くあります。

ある知識をもっていない場合に，私たちは「無知だ」と言うことがあります。けれども上のように考えると，この言い方は正しいとはいえません。何も知らないのではなくて誤ったことを知っているわけですから，「誤知（ごち）だ」と言うほうがふさわしいのです。この言葉は私が作ったものなので，辞書には載っていないのですがね。

◆—チューリップにタネはできるか？

次の問題に答えてみてください。

問題11　下の植物の中で，タネができると思うものには○を，できないと思うものには×を，わからないものには？をつけてください

タンポポ（　）	アサガオ（　）
ホウレンソウ（　）	チューリップ（　）
ヒヤシンス（　）	ジャガイモ（　）

タンポポやアサガオにタネができるのはあたりまえです。ではチューリップはどうでしょう。ヒヤシンスはどうでしょう。これらの花にはタネができないと考える人は，子どもにも大人にもたくさんいます。参考までに，私が以前に大学生で調べた結果を紹介します。35人の大学生に上の問題を出したところ，チューリッ

チューリップにタネはできるか

プに○をつけたのは８人だけでした。ヒヤシンスの場合も８人でした。いずれも正答率は23%です。

なぜ，これらの植物にタネはできないと考える人が多いのでしょう。それはチューリップもヒヤシンスも球根を植えるからです。日常生活で球根を植える経験をしたり，そのような話を聞いたりするので，チューリップやヒヤシンスにはタネができないと考えてしまうのです。あなたはどうでしたか。しかしこれは誤った知識なのです。チューリップやヒヤシンスも種子植物ですからタネができるのです。

と書きましたが，上の文を読んだ全員が「そうなんだ」と思うとは限りません。勉強するときにはいろんな本を読んだり，先生の話を聞いたりしますよね。ところが，あることがらについて誤った知識をもっている人がいるとしましょう。その人がそれについて正しいことが書いてある本を読んでも，そこからうまく学習できないことがあるのです。

せっかく本を読んで勉強しようとしているのに，そこから正しい知識を学べないとなると，これはたいへんです。どういう場合にそういうことが起きるのでしょうか。そして，どのような勉強法をとれば正しい知識を学ぶことができるのでしょうか。私が行った心理学の実験から考えてみましょう。

◆──正しい知識が読み取れるか？

私が行った実験では，大学生に小冊子を配りました。その1ページめには下の文章が載っていました。そしてこれを読んでもらいました。みなさんも読んでみてください。

チューリップの話

みなさんごぞんじのように，チューリップは10月頃に球根を植えると，翌年の春に花を咲かせます。チューリップには数千種もの品種があります。赤，黄，紫，白などいろんな色のものがあるし，これらの色が縞模様になって咲く品種もあります。これらの花がまとまって咲きそろう花畑はとても見事なものです。チューリップは園芸用の栽培植物としていろんな品種が作られてきました。

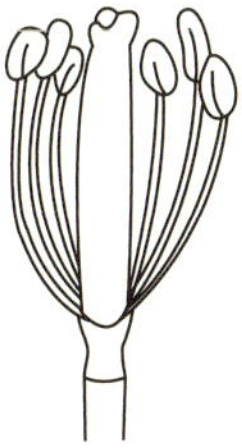

チューリップの花には１本のめしべと６本のおしべがあります。花粉がめしべの頭にくっつくと，やがてめしべの根元にタネができます。「花」は植物の生殖器官です。タネを作って子孫を残すために花は咲きます。もちろんタネをまくと新しいチューリップが発芽して生長をはじめます。このことはあさがおでもチューリップでも同じことです。種子植物一般にあてはまることです。

小冊子の２ページめには問題が載せてありました。1ページめの文章を読んだ後でそれに答えてもらいました。ただし１ページめを見直すことは禁止しました。２ページ目の問題は，タネができると思うものに○をつけるというもので，先ほどの問題とまったく同じでした。

１ページめのチューリップの話には，「チューリップにはタネができる」と書いてあったわけですから，だれだってこの問題ではチューリップに○をつけると思うでしょう？

ところが，61人の大学生にやってもらったのですが，そのうちチューリップに○をつけたのは33人で，全体の54%にとどまったのです。残りの28人（全体の46%）はチューリップに○をつけませんでした。

先ほど，35人の大学生に問題を出した結果を紹介しました。その人たちは読み物を読まずに問題に答えたわけでした。その中でチューリップに○をつけたのは

8人（23%）だったわけですから，それと比べると，読み物を読んだ人たちのほうが正答率が高いとはいえます。しかし私がここで問題にしたいのは，「チューリップにはタネができる」と書いてある読み物を読んだのに，しかも，その後ですぐに問題をやってもらったのに，それでも「チューリップにはタネはできない」と答えた人が約半数いるという事実なのです。私は先に，正しいことが書いてある本を読んでも，そこから学習できないことがあるといいました。これはその例にあたります。

◆—なぜ読み取れないのか調べてみると……

私が実験で大学生に配った小冊子には，続きがありました。それが以下の3ページめです。

問題12　最初のページの内容についてお聞きします。チューリップの話が書いてありましたが，チューリップのタネについてはどのように書いてありましたか。下から1つ選んで○をつけてください。

(ア)　タネのことは書いてなかった
(イ)　チューリップにタネができると書いてあった
(ウ)　チューリップにタネはできないと書いてあった
(エ)　読み飛ばしたので，タネのことが書いてあったかどうかわからない

61人がどう答えたかを紹介します。「(エ) 読み飛ばしたのでわからない」という人が4人いました。「んもう，しょうがないなあ」と思いますが，そういう人が少しいても仕方がありません。

「(ア) 書いてなかった」と答えた人が8人（全体の13%）いました。13%というのは無視できない数です。「おいおい，しっかりせいよ」と言いたくなります。ちなみに「(ウ) タネはできないと書いてあった」はさすがに少なく1人だけでした。

残りの48人は「(イ) タネができると書いてあった」と答えているので「よしよし」です。これは全体の79%にあたります。ところがこの数字を見てみなさんの中に「あれっ？」と思った人がいるでしょう。なぜなら2ページめの問題で，チューリップに○をつけた人はこれより少ない33人（全体の54%）だったからです。48人と33人では数が合いません。15人（48人引く33人）はいったいどうしたんでしょう。

これら15人の心の中を私なりに想像してみると次のようになります。

「たしかに1ページの読み物には，チューリップにはタネができると書いてあったよ。でもそれって本当なの？　何かおかしいっていうか，信じられないよ。だから2ページの問題ではチューリップに×をつけたんだ」。こんなところでしょうか。

もしもこれが会話だったとすると次のようなパターンになるでしょう。A君が出題者で，Bさんが回答者だとします。

A君　チューリップにはタネができると思う？
Bさん　できないと思う。
A君　何で？
Bさん　だってチューリップは球根を植えるもん。
A君　残念でした。種子植物だからチューリップにもタネができるんだよ。
Bさん　えー，なんか変。
A君　変じゃないよ。タネはできるんだよ。
Bさん　えー，なんか変だよ。

これではいつまでたっても「できるんだよ」「なんか変だよ」のくり返しになってしまいます。Bさんは新しいことを学習できません。Bさんはどうすればよいのでしょう。

◆─「どこがおかしいと感じるか」をハッキリさせる

Bさんは，逆に，次のように質問すればよいのです。

「そんならさあ，チューリップにタネができるのなら，なぜタネをまかずに，球根を植えるの？」

こういう疑問をキチンと出すことができれば，「タネができるんだよ」「何か変だよ」のくり返しから脱出することができて学習が進むのです。

誤った知識を直す大事なコツがここにあります。「何か変だ」ですますのではなくて，どこがおかしいと感じるかをハッキリさせることが大切なのです。今の例でいうと，Bさんはチューリップは球根で植えるからタネはできないと考えていた。ところが「できる」と言われた。するとそこにギャップが生じます。そのギャップを「変だ」ですますのではなくて，なぜギャップが生じたのかをていねいに突きとめるのです。そしてそのハッキリさせた疑問を質問したり本で調べるのです。そしてその疑問がスッキリ解決すれば，「なるほど，そうだったのか」と納得できるので，誤った知識を捨てることができるのです。

では実際にやってみましょうか。もしあなたが，「チューリップにタネができるのなら，なぜタネをまかずに，球根を植えるの？」と質問したとします。それに対して次のような説明が返ってきたとします（大学生相手の実験で私が使った説明をわかりやすく書き直したものを下に示します）。

それではどうしてチューリップはタネをまかずに球根を植えるのでしょう。もちろんタネをまいてもいいのです。ただし，タネというのはおしべとめしべをかけあわせてできるわけですから，タネからできるチューリップというのは，もとのチューリップの子どもです。ですからもとの親のチューリップとは違う性質をもっています。だからどんな色の花が咲くかはわかりません。きれいな色の花が咲かない可能性があります。それでは困りますね。

では球根を植える場合はどうでしょう。球根はチューリップの体の一部が地中に残ったものです。植物は体の一部から自分の体を再生します。雑草を刈っても地中に残った根から再び生えてきますね。チューリップの球根もそれと同じです。つまり球根から生えるチューリップは子どものチューリップなのではなくて，もとのチューリップなのです（クローンなのです）。ですからもとの花と同じ色のきれいな花が咲きます。こういう理由でふつうは球根を植えるわけです。

どうですか。今度は「なるほど，そういうわけなのか」とスッキリした気持ちになりませんか。ギャップが解消されたのです。そうするとチューリップにタネができることを「許そう！」という気持ちになりませんか。

私は，先ほど紹介した1ページめの「チューリップの話」の後にこの説明をつないだ長い読み物を作って，別の大学生に読んでもらいました。人数は63人でした。そしてその後で，タネができると思うものに○をつける問題に答えてもらいました。63人のうちチューリップに○をつけた人は45人でした。これは全体の71%にあたります。先ほどの1ページめだけを読んだ場合は61人中33人で全体の54%だったのですから，正答率はだいぶ上昇したことになります。つまり，チューリップにタネができるということを認めた人は実際に多くなったのです。

◆──人間はスッキリを求める

話を少し広げましょう。私たちは「うまく言えないけれども何か変だ」とか，「２つの考えのどちらが正しいかわからない」という状況に陥ることがあります。前者を〈モヤモヤ状態〉，後者を〈矛盾状態〉と名づけましょうか。心理学では，人間というのはこのような〈モヤモヤ状態〉や〈矛盾状態〉を嫌う存在で，そういう状況に陥ると，スッキリした状態になるよう努力すると考えられています。

では，どうすればスッキリした状態にできるでしょうか。じつはたくさんの方法があるのです。１つは〈モヤモヤ状態〉や〈矛盾状態〉をもたらす原因となったことがらを忘れてしまうことです。「チューリップのタネについては書いてなかった」というのはこのような反応にあたります。書いてあったことを忘れてしまえば，「チューリップにはタネはできない」という自分の考えだけが残るのでスッキリできるのです。忘れることは意図してできることではありませんが，無意識のうちにそういう方法をとってしまうのです。

これよりもっとスゴイのは，「タネはできないと書いてあった」と考える反応です。実際には書いてあったのですが，自分の考え方に合うように無意識のうちにゆがめてしまうわけです。うまくいけばこの場合もスッキリすることができます。

あるいは次のような反応も考えられます。それは「もうイヤだ」と言って，その勉強をやめてしまうこ

いろんな「スッキリ」があるのだが……

とです。その勉強と縁を切ればやはりスッキリできます。

でも，これらのやり方でスッキリできたとしても，せっかくの勉強の機会を自分でなくしてしまっているわけですから，誤った知識は変わらないままです。

先ほど私は，「何か変だ」ですますのではなくて，どこがおかしいと感じるかをはっきりさせることが大切だと述べました。「チューリップにタネができるのなら，なぜタネをまかずに球根を植えるの？」という疑問を出すのがその例でした。この答がわかればやはりスッキリできるわけです。つまりどこがおかしいと感じるかをはっきりさせるというのもスッキリに向けての第１歩なのです。そして私はこちらの道をみなさんにすすめたのです。

◆—例題をやってみよう

このような勉強法は，正しい答を覚えるだけというやり方とはぜんぜん違います。でもこれが「考える」ということです。このような勉強法に慣れるために，少し練習をしてみましょう。

問題13　スチールウール（台所で使う細い鉄のたわし）があります。これに火をつけて燃やすと，燃やす前に比べて重さはどうなるだろう。

(ア)　軽くなる
(イ)　変わらない
(ウ)　重くなる

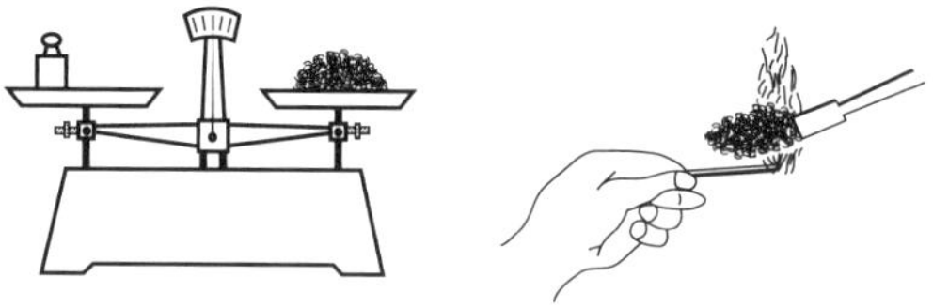

中学校の理科の時間にこの実験をやったことがあるという人もいるでしょう。実験をやる前に予想を聞かれると，多くの中学生は「(ア)　軽くなる」を選びます。なぜなら紙や木は燃えると灰になって軽くなるからです。日常経験でそのことをよく知っているからです。

ところが実験をしてみると，燃やした後のスチールウールは重くなりました。「エーッ，なんで？」とみんな驚きます。すると先生が次のように説明してくれたとします。

「いいかい，燃えるというのは，その物が酸素と結合することなんだ。酸素にはもちろん重さがある。だから燃えた後では酸素のぶんだけ重くなるというわけだ。これ大事なことだからね」

先生の説明は科学的に正しいのですが，これを聞いて「なるほど」とスッキリ納得できたでしょうか。「何か変だ」と感じる人も多いでしょうし，「でもやっぱり自分が最初に考えた〈軽くなる〉のほうが正しいのじゃないかなあ」と思う人もいるでしょう。〈モヤモヤ状態〉や〈矛盾状態〉です。

スッキリに向けての第１歩を踏み出しましょう。おかしいと感じるのはなぜなのかをハッキリさせるのでしたね。先ほどのＢさんのように，逆に先生に質問するとすると，どう質問すればよいでしょう。考えてみてください。

この場合は次のように質問すればよいのです。

「燃えた後では酸素のぶんだけ重くなるということでしたが，それじゃあ紙や木は燃えるとなぜ軽くなるんですか」

これがスッキリしない原因だったのです。それに気づけば後は簡単です。それを質問すればよいのです。先生はおそらく次のように答えてくれるでしょう。

「おー，これはいい質問だ。紙や木を燃やすと煙がたくさん出るだろ。あれには紙や木が燃えた後にできた二酸化炭素や水蒸気が含まれているんだ。じつは，あの煙もみんな集めて，残った灰といっしょに重さをはかることができたとすると，燃える前より重くなっているんだよ」。

こう説明されるとスッキリするでしょう。そして「物は燃えると軽くなる」というのは誤った知識であることに気づくことができるでしょう。

◆―質問することの大切さ

ある大学生は自分の経験を次のように話してくれました。

「中学生のときに，スチールウールを燃やす実験をやりました。それに教科書には，“燃えるというのは物が酸素と結合することだ”ということも書いてありました。でもぼくはそれはスチールウールが燃えるときのことで，紙や木が燃える場合は別なんだと思っていました」

これを聞いて私は，なるほどこれもスッキリさせる１つの道には違いないと思いました。でもこの場合も，誤った知識は残ったままになります。

別の大学生は次のように話してくれました。

「私は紙や木の場合はどうなんだって自分で疑問に思ったのですが，質問せずに，ただ教科書の内容を覚えました」

これを聞いて私はとても残念に思いました。この学生はさらに次のように話を続けてくれました。

「私は，理解力がないから自分にはわからないのであって，ほかの人はこんな疑問をもたないんだろうと思ったんです。だから恥ずかしくて質問する気にはならなかったんです」

私はここでも，「ああ，もったいない」と感じました。もし彼女が質問していれば，自分がわかるだけではなくて，ほかの人たちもとても助かったはずです。「こんなこと聞くのは恥ずかしい」というのは多かれ少なかれだれでも感じることです。でもほんの少し勇気を出して聞くことは，勉強にとってとても大事であることがわかるでしょう。

質問するのを恐れるな！　です。

終章

最後のメッセージ
「日記」を作るつもりで勉強するといいのだよ

◆──百科事典と日記

この本をここまで読み進んだみなさんは，公式や重要語句を一生懸命に頭に入れるというのは，勉強らしい勉強ではないということがわかってくれたことでしょう。けれども，この本を読んでいない多くの中学生や高校生はなかなかそのようには思ってくれません。お父さんやお母さんだってそうです。

これはなぜなのでしょうか。それは，学ぶというのは頭の中に「百科事典」を作ることだと考える人が多いからなのです。つまり，正確な知識を自分の頭の中にたくさん蓄えて，何か聞かれたら（あるいは問題を見たら）パッと答えることができるくらい物知りになることが，学ぶことのゴールだと考える人が多いのです。

私の考え方は違います。私は，学ぶというのは頭の中に「日記」を作ることなのだと考えています。こう書くとみなさんはビックリすることでしょうね。なぜなら日記というのは，「私はこんなことをした」とか「私はこう思った」というように〈自分の世界〉を書くものだからです。学ぶということがなぜ「日記」を作ることになるのでしょう。

じつは，勉強がうまくいくのは，客観的な知識が〈自分の世界〉をくぐるときなのです。私はそれを「日記」を作ることだと言ったのです。以下ではこのことをいくつかの例に即して具体的に見ていきます。そしてこのことが理解できると，これまで見てきた勉強のコツがよりはっきりわかったことになります。

◆──家康はすごいやつか，いやなやつか

江戸幕府を開いたのは徳川家康です。家康はさまざまな政策を打ち出しました。代表的なものを下に書き出してみましょう。

①関ヶ原の戦いで豊臣側についた大名90家に対して，改易（とりつぶし）や国替えを行い，合計622万石を没収した。
②大名を，親藩，譜代，外様の３種類に区別した。
③譜代大名を江戸の近くに，外様大名を遠くに配置した。
④武家諸法度を出し，城の新築や増築を禁止し，また大名家どうしが無断で婚姻関係を結ぶことも禁止した。
⑤参勤交代を行わせて大名の経済力を弱めた。また大名の妻子を江戸に住まわせて人質にした（参勤交代は３代家光が公的に確立）。

⑥大名に土木工事を負担させた。

ふつうに勉強していると，これらのことがらをそのまま覚えようとするでしょう。しかしそれでは頭の中に「百科事典」を作ろうとすることになります。私がみなさんにすすめたいのは，たとえば「家康はすごいやつか，それともいやなやつか」を自分なりに考えてみることです。

教科書には，家康はいいやつだとか，いやなやつだとかは書いてありません。教科書に書いてあるのは①～⑥の事実だけです。家康をどう思うかは，あくまでも〈自分の世界〉のことです。ですから，「家康はすごいやつか，それともいやなやつか」を自分なりに考えてみることは，①～⑥の客観的な事実を〈自分の世界〉に取り込むことになるのです。これは頭の中に「百科事典」を作ることとは違います。自分の思いを作るわけですから「日記」を作ることになるわけです。

じつはこれは，中学校の社会科の教師を長く務め，現在は大学の先生をしている安井俊夫さんがすすめている方法なのです[★8]。ただし安井さんは，「社会科の授業で生徒に考えさせるとよいですよ」と中学校の先生にすすめているのですが……。

それはともかくとして，家康はすごいやつか，それともいやなやつかを考えようとすると，上の①～⑥の内容を自分なりによく吟味しなくてはなりません。そしてそのときに「さすがは家康だ。こうやって大名を統制しないと天下統一はできなかっただろう」という感想をもったり，逆に「家康は大名を困らせてばかりいるじゃないか。こんなことまでして自分の権力を守ろうとするなんていやなやつだ」という感想をもったりするでしょう。①～⑥の知識にこのような感想（感情）が伴っていると，これらの知識はますます忘れにくいものになるのです。

◆―上司だったらだれがいいか

プロ野球の監督の中で職場の上司としてだれがよいかというアンケート結果がサラリーマンの間で話題になることがあります。これは人気投票に近いものですが，同じことを歴史上の人物について考えてみることができます。

だれの家来になろうかなあ

たとえば，織田信長，豊臣秀吉，徳川家康の３人は長い戦国時代を終わらせて天下統一を行った英雄ですが，みなさんが家来になるとしたら，だれの下で働いてみたいですか。

それを決めるためには，３人のいくさの仕方や政策，あるいはどんな日本をつくりたいと考えていたかを考慮しなくてはなりません。

たとえば織田信長は楽市楽座という政策を行っています。これは税金を免除したり，だれでも自由に商売を行うことができるようにする政策です。信長はこのようにして商業・経済を発展させることを重視しました。これに対して家康は逆です。士農工商という身分制度に見られるように商業を一番下に位置づけました。これは商業が発展すると，せっかく安定した日本が再び揺らぐと考えたからです。極端なことをいえば家康は，経済が発展せず物々交換の世の中のほうが支配にとって都合がよいと考えていたくらいです。もちろんそれは無理なんですけれどもね。

この点では信長のほうが進歩的ですね。ところが一方で信長は延暦寺の焼き討ちを行い多くの僧侶を虐殺しました。じつはこれも信長が「進歩的」だから行ったともいえるのです。というのは，比叡山は宗教的な力をもっているだけではなくて，商業や金融の力も大きくて，ほかの人の自由な競争を妨げていました。だから信長はそれを破壊したのです。ただしそのやり方は残酷ですね。

さあ，みなさんはだれの下で働きたいですか。それを決めるためには，もっとたくさんの政策を調べたくなりませんか。そしてそれがどういう意図で行われたものなのかを調べたくなりませんか。だって自分の上司としてだれがよいかを決めるのですから，これは大問題ですよ。

教科書には，だれの家来になればいいですよなどとは書いてありません。教科書に書いてあるのは信長や秀吉や家康が何を行ったかということです。だれの家来になりたいかは，あくまでも〈自分の世界〉のことです。ですからここで行うのは，歴史上の事実を〈自分の世界〉に取り込むことです。これは頭の中に「百科事典」を作ることとは違います。自分の考えを作るわけですからやはり「日記」を作るのに近いことです。こうやって考えると，「楽市楽座」にしても「延暦寺の焼き討ち」にしても，単に覚えるための歴史用語ではなくなり，もっと切実感を伴ったものになるでしょう。これが勉強には大切なのです。そして，このような感情（思い）を伴わせて勉強すると，信長や家康が何をしたかという歴史的な事実も忘れにくくなるのです。

◆—「日記」が成立するとき……

勉強がうまくいくのは，客観的な知識が〈自分の世界〉をくぐるときだという話をしてきました。私はそれを「日記」を作ることだと言ったのです。客観的な知識が〈自分の世界〉をくぐるにはいろんな場合があります。勉強をしていて次のような感想をもてたときがそのような場合だと考えてよいでしょう。

＊「こんな感想をもった」
＊「こんな疑問が出てきたぞ」
＊「自分にとってこんな世界が広がってきたぞ」
＊「これまでの経験とこう絡んできたぞ」
＊「考えがこう変わってしまった」
＊「自分はこんなことに興味をもてる人間であることがわ

かった」
＊「これから自分はこうありたいと思った」
＊「友人はあんなことを考えていた（すごい，おかしい）」
＊「彼らといっしょに考えたからこれがわかった」

断片的な知識を頭の中に詰め込もうとしているときには，このような感想をもてません。これらの感想は，いま学んでいることが〈自分の世界〉と接点をもったときに生じるものなのです。そしてそのようにして勉強したことは長い間忘れない知識になって残るのです。

最後にもう１つ例をあげましょう。これは私の最近の経験で，電気回路についての勉強が進んでいったようすです。少し長い話になりそうなのですが，電気回路のことがどのように〈自分の世界〉と結びついたかについては，後でまとめます。ですからみなさんは，とりあえずはそのことを気にしなくてかまいませんから，下の話を読み進んでみてください。おそらくみなさんにとっても新しい発見があるはずです。

◆―「回路」についての私の勉強

「回路ができると電流が流れる」というルールがありますね。豆電球を点灯させるには，ソケットから出ている２つの線のうち１つを乾電池のプラス極につなぎ，もう１つをマイナス極につなぎます。すると乾電池のプラス極から豆電球を通って乾電池のマイナス極までぐるりとひとつながりの回路ができます。

ではテレビや洗濯機などの家電製品はどうでしょう。この場合も発電所とテレビの間にはひとつながりの回路ができているわけです（正確にいうと，発電所との間ではなくて，家の近くの電柱の変圧器との間に回路ができています。というのは，発電所では非常に高い電圧の電気を作っています。それをそのまま家庭に送ると危険ですから，電圧を低くしているわけです。それが電柱の変圧器です。それはさておき，電源とテレビの間に回路が必要だという考えからすると，発電所とテレビの間に回路ができていると考えてもさしつかえありません)。

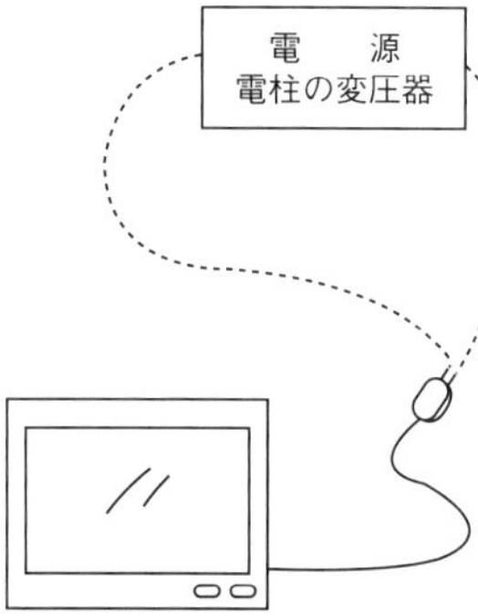

テレビも回路

あるとき私は数人の女子学生と電気の話をしていたのですが，どうにも話がかみ合いません。その原因がどこにあるか最初はわからなかったのですが，ひょっとして家電製品が回路になっているとは考えていないのではないかと思って，そのことを質問してみました。するとその通りでした。彼女たちは，自動車にガソリンを給油するのと同じように，あるいはガス管からガスが送られてくるのと同じように，電気器具には電気が一方向的に送られてきて（注ぎ込まれて)，電気器具で使われてなくなると考えていたというのです。だから消費電力が大きいとか小さいとかいうのだと考えていたということでした。

私は，「でもコンセントには，プラグの金属棒を2つ差し込むじゃないか」と言ってみました。彼女たちの注意をプラグの2つの金属棒に向けられれば，回路になっていることに気づくかもしれないと考えたからです。

ところが核心を突いたはずのこの発言に対しては，「それは抜けにくくするためではないんですか」という反応が返ってきてしまいました。彼女たちなりにつじつまのあった理解ができあがっているのです。

自動車にガソリンを注入するのと同じように，家電製品には電気が一方向的に注ぎ込まれてそこで使われるという考えをここでは「注入的考え」と名づけておきましょう。彼女たちは，豆電球をつけるには乾電池との間に回路を作らなくてはならないことはもちろん知っていました。でも家庭で使っている電気器具もそうだとは思っていなかったそうなのです。

私はそのように考える人がいることに驚いたのですが，どれくらい多くの人がこのような「注入的考え」をもっているかについてはわかりません。「女性は電気が苦手だというからなあ」とも思いました。しかしともかく彼女たちの話に驚いて（触発されて），大学生約100人を対象にして調査を行ってみました。

次のページの模式図（図15）を示して解答を求めました。選択肢に「㈍　その他」があるのは次の理由からです。先ほどいったように，本当は家電製品と発電所の間に回路ができているのではありません。近くの電柱の変圧器との間に回路ができています。そういう詳しい知識をもっている人がいるとすると，(ア)〜(ウ)だけでは「正解がない」と考えるかもしれません。また，家庭で使っているのは交流電流です。つまり回路の中を電流が流れる向きが周期的に変化します。そういう詳しい知識をもっている人がいると，(ウ)は正しくないと考えるかもしれません。そのような人たちがいるかもしれないので念のために「(エ)　その他」を準備しておきました（結果を見るとそういう人はだれもいなかったのですが）。

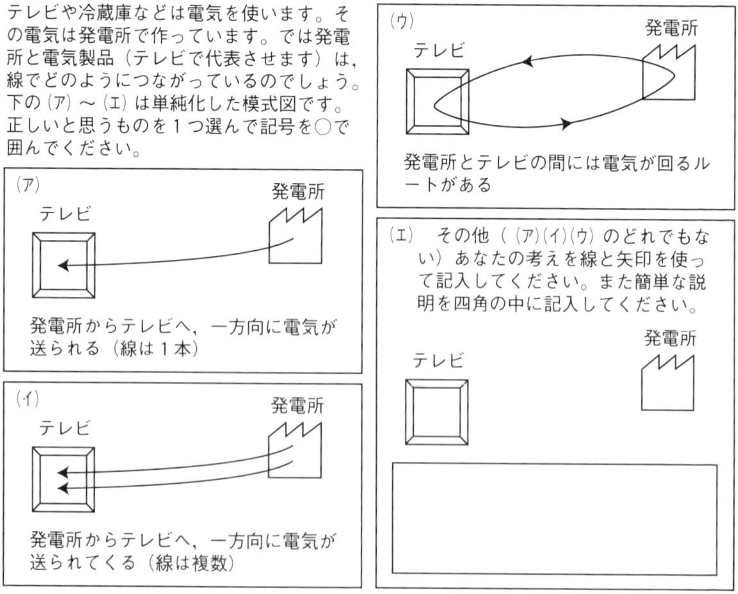
テレビや冷蔵庫などは電気を使います。その電気は発電所で作っています。では発電所と電気製品（テレビで代表させます）は，線でどのようにつながっているのでしょう。下の(ア)〜(エ)は単純化した模式図です。正しいと思うものを１つ選んで記号を○で囲んでください。
(ア)
発電所
テレビ
発電所からテレビへ，一方向に電気が送られる（線は１本）
(イ)
発電所
テレビ
発電所からテレビへ，一方向に電気が送られてくる（線は複数）
(ウ)
発電所
テレビ
発電所とテレビの間には電気が回るルートがある
(エ)　その他（(ア)(イ)(ウ)のどれでもない）あなたの考えを線と矢印を使って記入してください。また簡単な説明を四角の中に記入してください。
発電所
テレビ

図15　どれが正しい？

調査の結果を紹介しましょう。(ウ)と答えた大学生は約30%だけでした。また男女差もありませんでした。(ア)と答えた人が約25%で，(イ)と答えた人が約45%いました。(イ)と答えた人が多いのは，プラグに金属棒が２本あるためなのでしょう。それはさておき，(ア)や(イ)と答えた人は「注入的考え」をもっているわけです。そのような大学生は70%に達しました。

私はこれとは別の問題も出してみました。「台風の後で電線が１本切れて垂れ下がっている。ジャンプして片手でその電線に触ったときに感電するかどうか」という問題です（図16）。

図16　感電する？

この場合，足が地面から離れているわけですから回路はできていません。ですから電気は流れないので「感電しない」が正解です。ところが約80%の学生は「感電する」と答えました。やはり「注入的考え」をもっているようです。

これが話の出発点なのです。まだまだ話は続きます。

◆―さまざまな疑問とその解決

家電製品について「注入的考え」をもっている人がこんなにも多いことを知って，私はたいへん驚きました。６章で話題にした「誤った知識」の例になるわけです。

ところが私自身気になることが出てきました。切れた電線にジャンプして触っても感電しないという話を上でしましたね。ではその電線をもったまま着地したとしましょう。そのときはもちろん感電します（死んじゃいますからそんなことしてはいけませんよ）。電線に凧(たこ)が絡まった場合も同じです。ではこの場合，電線からからだに流れた電気はその後どうなっているのでしょう。私は電気が地面の中にしみこんでいくような気がしたのです。つまりこの場合，私も「注入的考え」をもっていることに気づいたわけです。不思議な気持ちが残りました。この場合も本当は回路でなくてはならないはずです。

地中で電気はどうなる？

私はこの問題に関心をもってくれそうな知人に電話をかけて「この場合も回路になっていると思う？」とたずねました。知人は私と同じ教育心理学が専門です。電気の専門家ではありません。彼は「うーん」とうなった後で，「電気は，地面を通って発電所にもどると思う」と答えました。これはじつに巨大な回路です。でも本当にそうなのでしょうか。

私は次に，電気に詳しい人に質問しました。するとその人は次のように答えてくれました。

「うん，からだから地面に流れた電気もちゃんと回路になっていて電源にもどるよ。地面は水分を含んでいるので電気を少し通すからね。ただし発電所までもどるのではなくて，近くの電柱の変圧器にもどるか，変電所にもどるか，どちらかだね」

私は感動してしまいました。やっぱり回路なのです。このように一見あてはまらないように見える現象も，やはり回路になっているのです。これを知ることによって，私の勉強はグンと深まりました。

もう１つ私が気になったのは電車です。パンタグラフから電気を取り入れた後はどうなっているのでしょう。取り入れて消費するだけでは「注入的考え」になってしまいます。それではおかしいわけです。やはり回路になっているはずです。

これについては私なりに「こうなっているのでは」と予想をたてたうえで電気の専門家に質問しました。予想通りでした。電気はレールに流れていくのです。つまり，上の電線と下のレールがひとつながりの回路になっているのです（レールに触っても感電しないのは，レールと地面との間に電位差がないからとのことです。これはちょっとむずかしいですね）。

話はまだまだ続きます。ここまでの話をあるとき別の知人と居酒屋でしたのです。彼はおもしろがってくれただけではなくて，次のような疑問を出したのです。

「札幌の地下鉄の車輪は，振動を少なくするためにゴムのタイヤだったはずだ。レールにどうやって電気を流すのだ」。私は推理して答えました。「おそらく車輪とは別に金属のしっぽのようなものを出して線路との間に回路を作っているんだよ」。

「なるほど」とうなずいた後で，またまた彼は疑問を出しました。「トロリーバスってあるよな。これはバスと電車の中間のような乗り物だ。バスのように道路を走っているのだけれど，道路の上には電線があって，パンタグラフから電気を取り入れて走っているわけだ。日本では黒部ダムから長野県の扇沢まで，排気ガスを出さないようにトロリーバスが走っていたはずだ。パンタグラフから電気を取り入れて，後はどうしているんだあ。タイヤはゴムだし，下はアスファルトの道路だから，電気は流れないぞ」。

こういう例を次つぎにくり出してくる彼に感心しながら，私は再び推理しました。これはもう，上に2本の電線があって回路を作っているとしか考えられないではないですか。次の日，事典でトロリーバスの絵を探しました。するとパンタグラフは左のようになっていました。やっぱりねえ。

トロリーバスのパンタグラフに注意！

◆―知識はまず「日記」として成立する

このような経過をたどって，今の私は，地面に足をつけて電線に触った場合も，電車もトロリーバスも，電気の流れは回路になっていることを知っています。これは百科事典に書かれていてもよい〈客観的な知識〉です。しかしこの知識は，〈自分の世界〉をくぐることなく頭の中にスポッと移植されたものではありません。電気の先生から「電気は地面を通ってもどる」という話を聞いたときの驚きを今でも思い出すことができますし，居酒屋でトロリーバスについて問われたときのショックも思い出すことができます。私にとって回路の知識は，そういう〈自分の世界〉と密接に結びついて成立したのです。そういう「日記」を作るプロセスが私の勉強だったのです。

しかし，これらの知識をこれからどこかで使っていくときには，しだいにこれらの驚きやショックはよみがえらなくなることでしょう。電気回路の勉強に絡みついていた〈自分の世界〉はだんだん落ちていき，回路の知識は「日記」から「百科事典」へと変わっていくのです。

だから多くの生徒や大人は誤解するのです。学ぶというのは頭の中に「百科事典」を作ることなのだと。しかしここで大切なのは，いきなり頭の中に「百科事典」を作ろうとしてもダメだということなのです。まず〈自分の世界〉をくぐらせることが大切なのです。

＊　＊　＊

さて，勉強の仕方について，心理学の立場からいろいろ見てきました。どうでしたか。この本がこれからのみなさんの勉強に役立てばとてもうれしいです。

勉強の仕方について参考になる本を最後に紹介しておきましょう。この本の中で取り上げたものもあります。興味がある人はぜひ読んでみてください（①は中・高校生向き，②は高校生向きです，③については53〜54ページを参照してください）。

①『勉強法が変わる本』 市川伸一 （岩波ジュニア新書：岩波書店）
②『心理学から学習をみなおす』 市川伸一 （岩波書店）
③市や町の図書館の〈子どもコーナー〉にある科学や数学，歴史などの本

それでは，さようなら。

―― この本で引用した文献 ――

★1　今泉　博　1994　どの子も発言したくなる授業　学陽書房
★2　西林克彦　1994　間違いだらけの学習論　新曜社
★3　市川伸一　2000　勉強法が変わる本　岩波書店
★4　市川伸一　1998　心理学から学習をみなおす　岩波書店
★5　本多勝一　1976　日本語の作文技術　朝日新聞社
★6　西林克彦　2000　何のために学ぶか　西林・三浦・村瀬・近藤（編）学習指導の方法と技術　新曜社
★7　仲本正夫　1979　学力への挑戦　労働旬報社
★8　安井俊夫　1994　社会科授業づくりの追求　日本書籍

［著者紹介］

麻 柄 啓 一 （まがら・けいいち）

1951年　富山県に生まれる。
富山市立水橋中学校卒業。富山県立富山高校卒業。
東北大学文学部卒業。同大学院教育学研究科後期博士課程修了。教育学博士。

現　在　早稲田大学教育学部教授（教育心理学，教授心理学）

主　著　『授業づくりの心理学』（共著，国土社）
『子どものつまずきと授業づくり』（岩波書店）

心理学ジュニアライブラリ　01

じょうずな勉強法
こうすれば好きになる

2002年10月30日　初版第1刷発行
2015年3月20日　初版第7刷発行

著　　者　麻柄啓一
発 行 所　㈱北大路書房

〒603-8303　京都市北区紫野十二坊町12-8
電話　(075)431-0361㈹
FAX　(075)431-9393
振替　01050-4-2083

Printed in Japan.　ISBN978-4-7628-2278-0
印刷・製本／亜細亜印刷㈱

定価はカバーに表示してあります。
検印省略

落丁・乱丁本はお取り替えいたします

心理学ジュニアライブラリを読もうとしているみなさんへ

心理学って，すごくおもしろいんです。そして，けっこう役に立つんです。

といっても，心のケアが必要な人たちの手助けをするということだけではありません。どのような人たちにとっても，知っておくとためになる学問です。ただし，「心理学を学んだら，人の心を見抜けるようになったり，人をあやつることができる」などというような意味ではありません。テレビや雑誌で紹介されている占いや心理テストのようなものとも違います。やたらとむずかしい，わけのわからないものでもありません。

この心理学ジュニアライブラリでは，それぞれの巻ごとにテーマをしぼって，多くの人たちが気づいていなかったり誤解したりしているであろう『人の心のしくみ』について解説してあります。そして，その解説したことにもとづいて，私たち心理学者が，みなさんになんらかのメッセージを送ろうとしました。その内容は，いずれも，みなさんがよりよく生活していくうえで大切だと，私たちが自信を持って考えているものです。また，どの内容も，学校や家庭であらたまって学ぶことがめったにないものです。人生経験を積んでいくなかで自然に身につくこともあまりないでしょう。これが，私たちがこのようなライブラリを発刊しようと考えた理由です。

この心理学ジュニアライブラリを通して「へえー」とか「なるほど」というように感じながら『人の心のしくみ』についての新たな知を得，それをこれからの人生に少しでも活かしていただければ幸いです。

企画編集委員　吉田寿夫・市川伸一・三宮真智子

◆――心理学ジュニアライブラリ――◆

（四六判・各巻112～132ページ・定価1200円＋税）

00巻　心理学って何だろう　　　　**市川　伸一**

中高生のほとんどは，心理学とはどういうものかを知らないが，いろんなイメージはもっている。高校のクラスで行った大学教授の授業から，現代の心理学の姿を描く。「総合学習で学ぶ心のしくみとはたらき」と題した付録冊子付き。

01巻　じょうずな勉強法――こうすれば好きになる
麻柄　啓一

「たくさんのことを簡単に覚える方法があれば…」と思ったことがあるだろう。この本を読むと勉強について新しい発見ができ，見方も変わってくる。勉強が必ず好きになる本。

02巻　読む心・書く心――文章の心理学入門
秋田喜代美

文章を読んだり書いたりする時に，心の中で何が起こっているのだろうか。その心のしくみがわかると，読む時・書く時に自分の心を見つめるまなざしが変わってくる。

03巻　やる気はどこから来るのか――意欲の心理学理論
奈須　正裕

勉強をめぐって，先生や親から「為せば成る」とお説教されたことがあるだろう。意欲を出さない自分がわるいのだろうか。勉強への意欲について，心のしくみを解き明かす。

04巻　考える心のしくみ――カナリア学園の物語

三宮真智子

本当の賢さとは何か？　架空の学校「カナリア学園」では，賢さの種類，考えることを妨げるからくりなど，考える心のしくみをテーマに魅力的な授業が展開される。

05巻　人についての思い込みⅠ――悪役の人は悪人？

吉田　寿夫

「人について決めつけずに柔軟に考える力」というものは，学校の勉強だけでは十分には身につかない。本書を通して，人生の早い時期に，この考える力を身につけよう。

06巻　人についての思い込みⅡ――A型の人は神経質？

吉田　寿夫

イメージや第一印象にとらわれた「○○は××だ」といった決めつけた考え方。なぜそんなふうに思ってしまうのか。その心のしくみを豊富な具体例で説明し，対処法も提案。

07巻　女らしさ・男らしさ――ジェンダーを考える

森永　康子

「女と男は違う！」というあなた。本当に違っているのだろうか。本当に違うなら，どうしてそんな違いができたのか。「女・男」にしばられずに自分らしく生きていくヒント。

08巻　新しい出会いを活かして――転校を心理学する

小泉　令三

転校や入学，クラス替えの時など，自分が新しい環境に移る時には新しい出会いがある。その体験を活かすためにはどのように考え行動したらよいか，様々なアドバイスを用意。